Coleção Eu gosto m@is

CÉLIA PASSOS

Cursou Pedagogia na Faculdade de Ciências Humanas de Olinda – PE, com licenciaturas em Educação Especial e Orientação Educacional. Professora do Ensino Fundamental e Médio (Magistério) e coordenadora escolar de 1978 a 1990.

ZENEIDE SILVA

Cursou Pedagogia na Universidade Católica de Pernambuco, com licenciatura em Supervisão Escolar. Pós-graduada em Literatura Infantil. Mestra em Formação de Educador pela Universidade Isla, Vila de Nova Gaia, Portugal. Assessora Pedagógica, professora do Ensino Fundamental e supervisora escolar desde 1986.

VOLUME 3
EDUCAÇÃO INFANTIL

MATEMÁTICA

IBEP

4ª edição
São Paulo
2020

Coleção Eu Gosto M@is
Educação Infantil – Matemática – Volume 3
© IBEP, 2020

Diretor superintendente	Jorge Yunes
Diretora editorial	Célia de Assis
Assessoria pedagógica	Mizue Jyo
Edição e revisão	RAF Editoria e Serviços
Produção editorial	Elza Mizue Hata Fujihara
Assistente de produção gráfica	Marcelo de Paula Ribeiro
Estagiária	Verena Fiesenig
Iconografia	IBEP
Ilustração	Bruna Ishihara, Eunice – Conexão Editorial, Fábio – Imaginário Studio, Gisele Libutti, João Anselmo e Izomar, José Luís Juhas/ Ilustra Cartoon
Projeto gráfico e capa	Aline Benitez
Ilustração da capa	Box&dea
Diagramação	Nany Produções Gráficas

CIP-BRASIL. CATALOGAÇÃO NA PUBLICAÇÃO
SINDICATO NACIONAL DOS EDITORES DE LIVROS, RJ

P32e
4. ed.
v. 3

Passos, Célia
　Eu gosto mais : matemática : educação infantil, volume 3 / Célia Passos, Zeneide Silva. - 4. ed. - São Paulo : IBEP, 2020.
　: il. (Eu gosto m@is ; 3)

　ISBN 978-65-569-6024-1 (aluno)
　ISBN 978-65-569-6025-8 (professor)

　1. Matemática - Estudo e ensino (Educação infantil). 2. Livros de atividades pré-escolares. I. Silva, Zeneide. II. Título. III. Série.

20-64661　　　　　　　　　　　　　　　CDD: 372.21
　　　　　　　　　　　　　　　　　　　　CDU: 373.2.016:510

Meri Gleice Rodrigues de Souza - Bibliotecária CRB-7/6439
18/05/2020　　25/05/2020

4ª edição – São Paulo – 2020
Todos os direitos reservados

IBEP

Rua Gomes de Carvalho, 1306 - 11º andar - Vila Olímpia
São Paulo-SP - 04547-005 - Brasil - Tel.: (11) 2799-7799
www.ibep-nacional.com.br

Impreso en Mercurio S. A.
mercurio.com.py | 10615
Asunción - Paraguay

MENSAGEM AO ALUNO

QUERIDO ALUNO, QUERIDA ALUNA,

QUE MARAVILHA SABER QUE VAMOS TRABALHAR JUNTOS DURANTE TODO ESTE ANO!

A COLEÇÃO **EU GOSTO M@IS** FOI FEITA PARA CRIANÇAS COMO VOCÊ.

ESCREVEMOS ESTE LIVRO COM MUITO CARINHO E ESPERAMOS QUE VOCÊ DESCUBRA E CONHEÇA AINDA MAIS O AMBIENTE EM QUE VIVE.

CUIDE MUITO BEM DO SEU LIVRO. ELE SERÁ SEU COMPANHEIRO NO DIA A DIA.

UM GRANDE ABRAÇO,

AS AUTORAS

SUMÁRIO

LIÇÃO	PÁGINA
1. NOÇÕES DE GRANDEZAS E MEDIDAS	7
MUITO/POUCO	7
MAIOR/MENOR	8
ALTO/BAIXO	9
FINO/GROSSO	10
COMPRIDO/CURTO	11
LARGO/ESTREITO	12
LEVE/PESADO	13
CHEIO/VAZIO	14
2. NOÇÕES DE POSIÇÃO	15
DENTRO/FORA	15
EM CIMA/EMBAIXO	16
ATRÁS/NA FRENTE/AO LADO	17
3. NOÇÕES DE DIREÇÃO E SENTIDO	18
PARA CIMA/PARA BAIXO	18
PARA A DIREITA/PARA A ESQUERDA	18, 20, 21
SENTIDO CONTRÁRIO	19
MESMO SENTIDO	20
4. QUANTIDADES	22
MAIS/MENOS	23, 24, 25
MESMA QUANTIDADE	23, 24

LIÇÃO	PÁGINA
5. NÚMERO 1	26
6. NÚMERO 2	31
7. NÚMERO 3	36
8. NÚMERO 4	42
9. NÚMERO 5	48
10. NÚMERO 6	55
11. NÚMERO 7	62
12. NÚMERO 8	68
13. NÚMERO 9	74
14. PREPARANDO PARA A ADIÇÃO	82
15. FORMAS GEOMÉTRICAS	92
16. NÚMEROS ORDINAIS	97
17. PREPARANDO PARA A SUBTRAÇÃO	102
18. NÚMEROS DE 10 A 20	108
19. FORMANDO PARES	137
20. AS DEZENAS	141
21. NÚMEROS DE 21 A 29	144
22. O RELÓGIO	162
23. NOSSO DINHEIRO	165
24. NÚMEROS DE 30 A 50	169
ALMANAQUE	177
ADESIVOS	193

LIÇÃO 1

NOÇÕES DE GRANDEZAS E MEDIDAS

HÁ **MUITAS** CRIANÇAS BRINCANDO NO PULA-PULA.

HÁ **POUCAS** CRIANÇAS BRINCANDO NO ESCORREGADOR.

- CIRCULE A CAIXA COM **MUITAS** BOLAS. FAÇA UM **X** NA CAIXA COM **POUCAS** BOLAS.

A BALEIA É **MAIOR** QUE A TARTARUGA.

O CAMARÃO É **MENOR** QUE A TARTARUGA.

- PINTE AS MOLDURAS DAS FOTOS ASSIM:

  ★ MENINA QUE ESTÁ COM A BOLA **MENOR**.

  ★ MENINA QUE ESTÁ COM A BOLA **MAIOR**.

AS CRIANÇAS TÊM TAMANHOS DIFERENTES.

- PINTE AS CAMISETAS ASSIM:
    - ★ CRIANÇA MAIS **BAIXA**.
    - ★ CRIANÇA MAIS **ALTA**.

O CAULE DA ÁRVORE É **FINO**.

O CAULE DA ÁRVORE É **GROSSO**.

- COLE O PINCEL **GROSSO** NO QUADRO AZUL E O PINCEL **FINO** NO QUADRO VERMELHO. USE OS ADESIVOS DA PÁGINA 193.

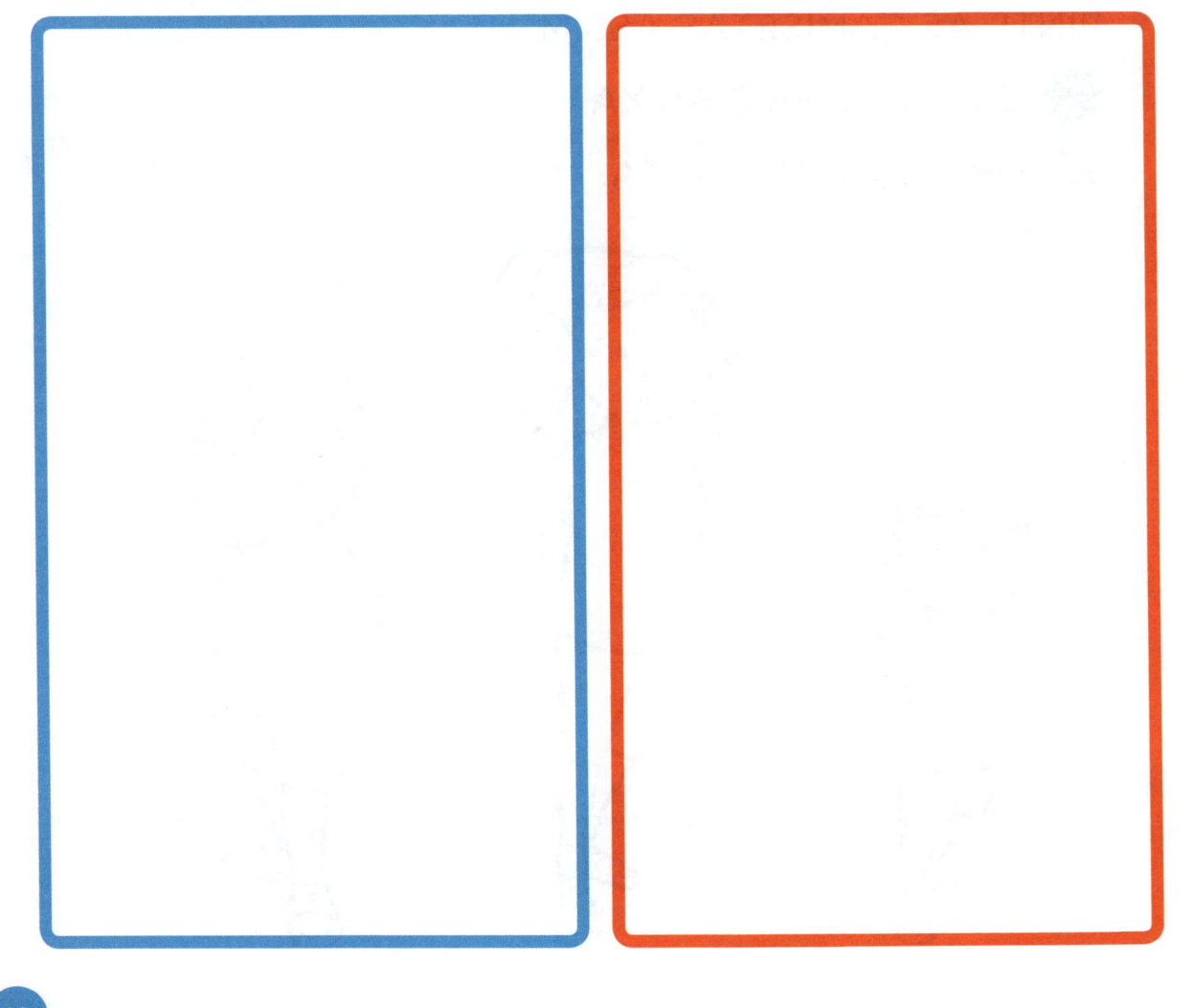

A FITA AZUL
É MAIS **COMPRIDA**.

A FITA VERMELHA
É MAIS **CURTA**.

- RISQUE O IOIÔ QUE TEM O BARBANTE MAIS **CURTO** E PINTE O IOIÔ QUE TEM O BARBANTE MAIS **COMPRIDO**.

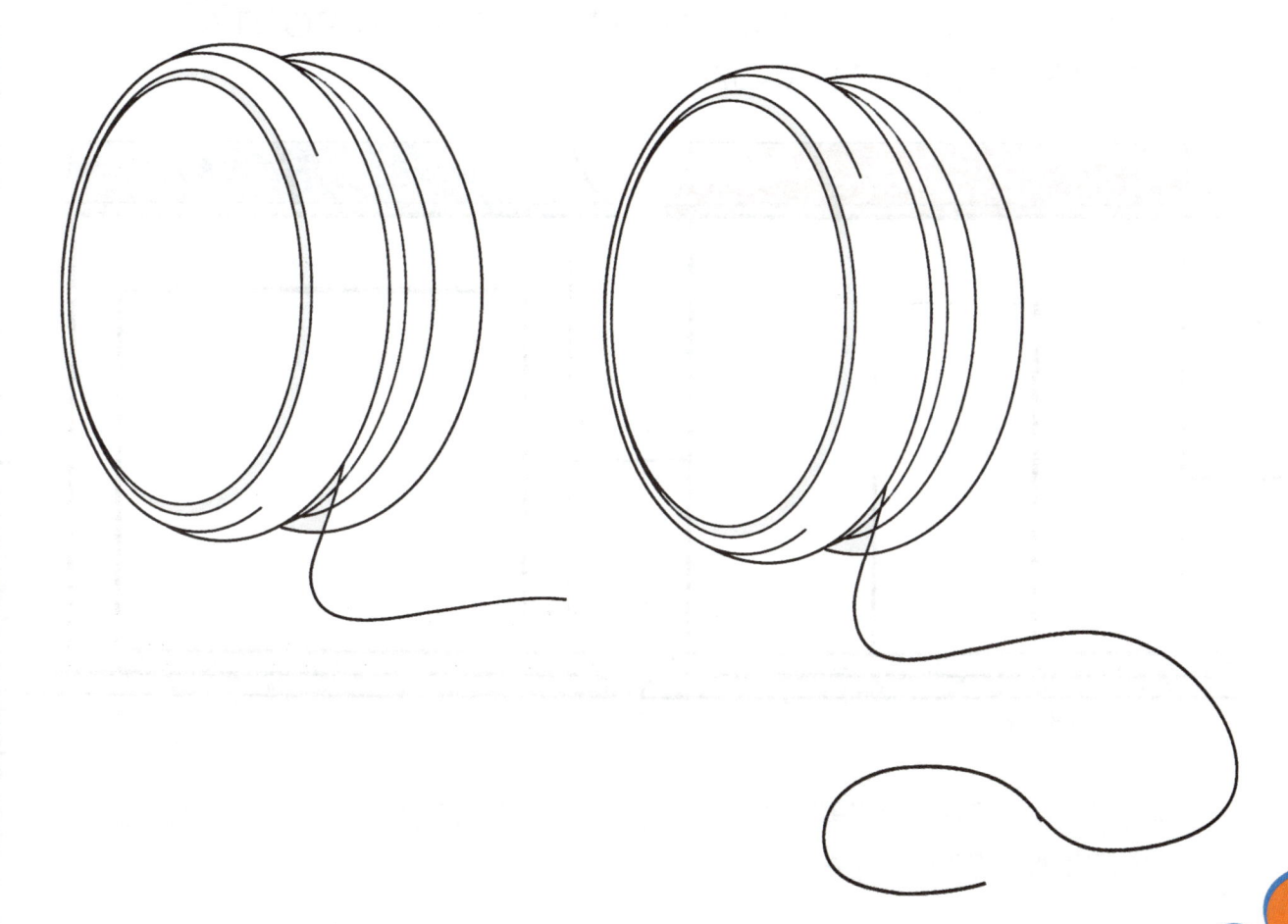

A GRAVATA AZUL É MAIS **LARGA**.

A GRAVATA AMARELA É MAIS **ESTREITA**.

- PINTE A PORTA **LARGA** DE MARROM E A PORTA **ESTREITA** DE LARANJA.

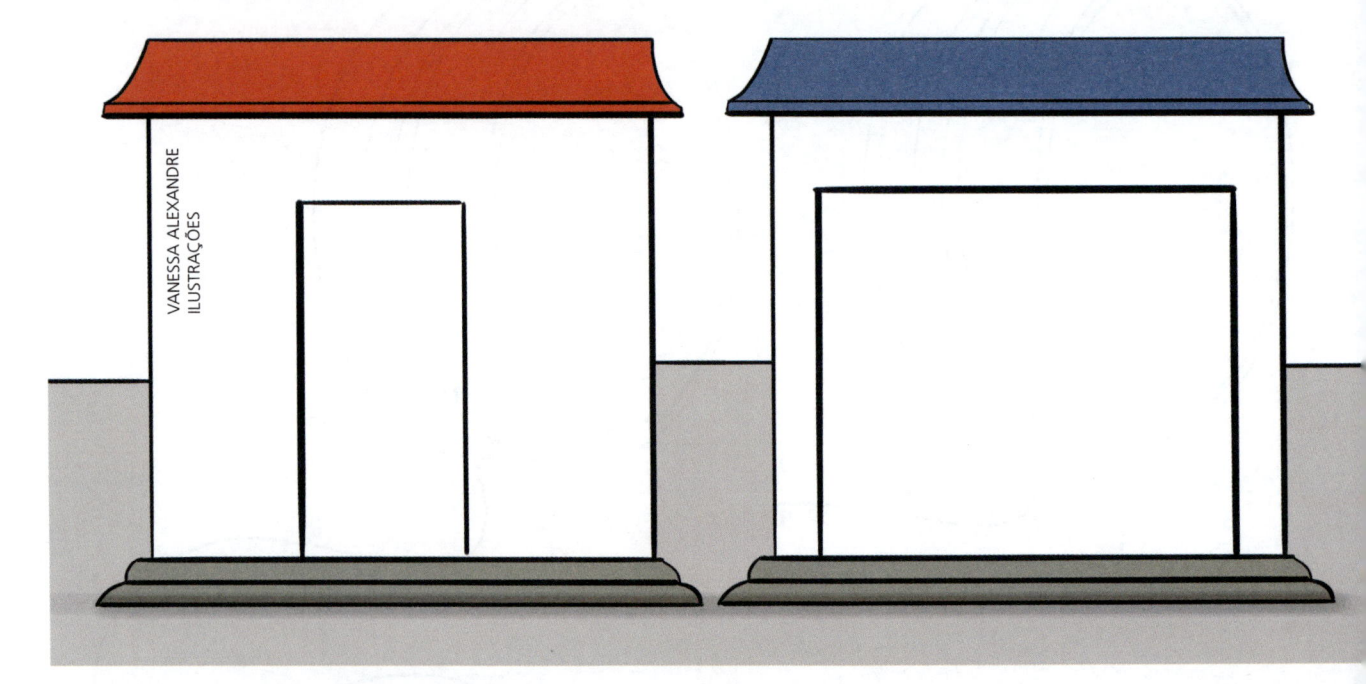

- AGORA, DESENHE UMA FLOR AMARELA AO LADO DA PORTA ESTREITA.

O MELÃO É MAIS **PESADO** DO QUE A LARANJA.

A LARANJA É MAIS **LEVE** DO QUE O MELÃO.

- FAÇA UM **X** NA FOTO DO OBJETO **MAIS LEVE** QUE O FERRO DE PASSAR.

- CIRCULE A FOTO DO OBJETO **MAIS PESADO** QUE O PICOLÉ.

13

O COPO ESTÁ **CHEIO**.   O COPO ESTÁ **VAZIO**.

- PINTE AS CAIXAS DE BRINQUEDOS DE ACORDO COM AS INFORMAÇÕES.

A CAIXA AZUL ESTÁ **CHEIA** DE BRINQUEDOS.

A CAIXA AMARELA ESTÁ **VAZIA**.

- CIRCULE A ESTANTE QUE ESTÁ **CHEIA** DE LIVROS.

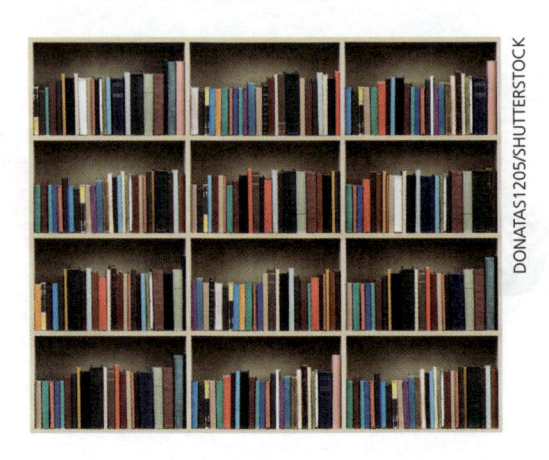

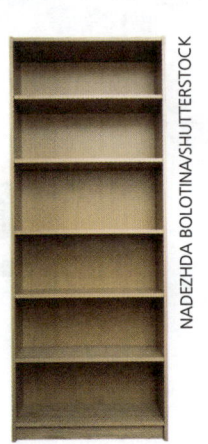

LIÇÃO 2 — NOÇÕES DE POSIÇÃO

- CIRCULE AS CRIANÇAS QUE ESTÃO **DENTRO** DA CAIXA DE AREIA. MARQUE UM **X** NO BALDE QUE ESTÁ **FORA** DA CAIXA DE AREIA.

15

- PINTE O GATO QUE ESTÁ **EM CIMA** DO BANCO.

- ASSINALE O ANIMAL QUE ESTÁ **EMBAIXO** DO BANCO.

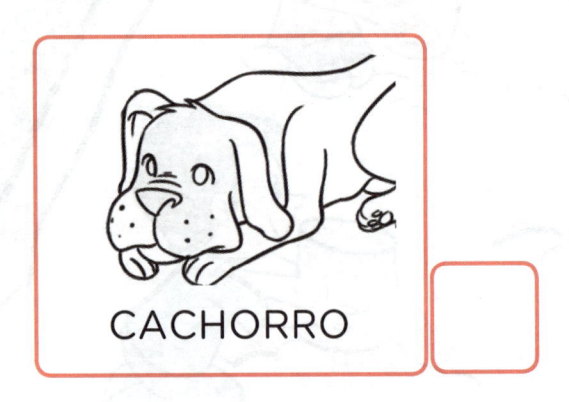

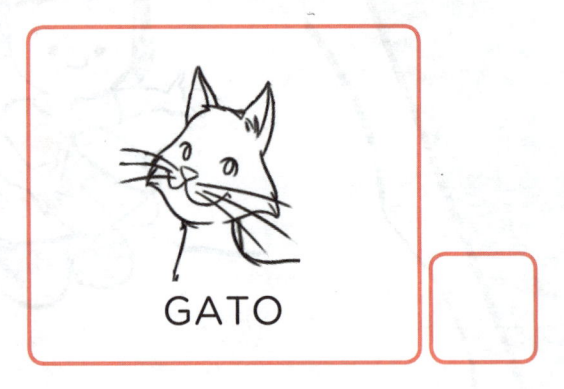

| CACHORRO | ☐ | GATO | ☐ |

- AS CRIANÇAS ESTÃO JOGANDO PEGA VARETAS. CIRCULE AS VARETAS QUE ESTÃO **EMBAIXO** DA MESA.

- HOJE É DIA DE BRINCAR NO PARQUE! O QUE VOCÊ MAIS GOSTA DE FAZER NO PARQUE?

- FAÇA UM **X** NA CRIANÇA QUE ESTÁ **ATRÁS** DA ÁRVORE E CIRCULE A CRIANÇA QUE ESTÁ **NA FRENTE** DO BANCO.

- ASSINALE O PÁSSARO QUE ESTÁ **AO LADO** DO BANCO.

17

LIÇÃO 3

NOÇÕES DE DIREÇÃO E SENTIDO

- A MENINA ESTÁ PROCURANDO SEU GATO DE ESTIMAÇÃO. PINTE OS QUADRADINHOS DO CAMINHO QUE ELA VAI FAZER SEGUINDO AS ORIENTAÇÕES.

PASSO 1: 2 ⬛ → PARA A DIREITA.

PASSO 2: 3 ⬛ ↑ PARA CIMA.

PASSO 3: 4 ⬛ → PARA A DIREITA.

PASSO 4: 5 ⬛ ↓ PARA BAIXO.

PASSO 5: 3 ⬛ ← PARA A ESQUERDA.

PASSO 6: 2 ⬛ ↓ PARA BAIXO.

PASSO 7: 5 ⬛ → PARA A DIREITA.

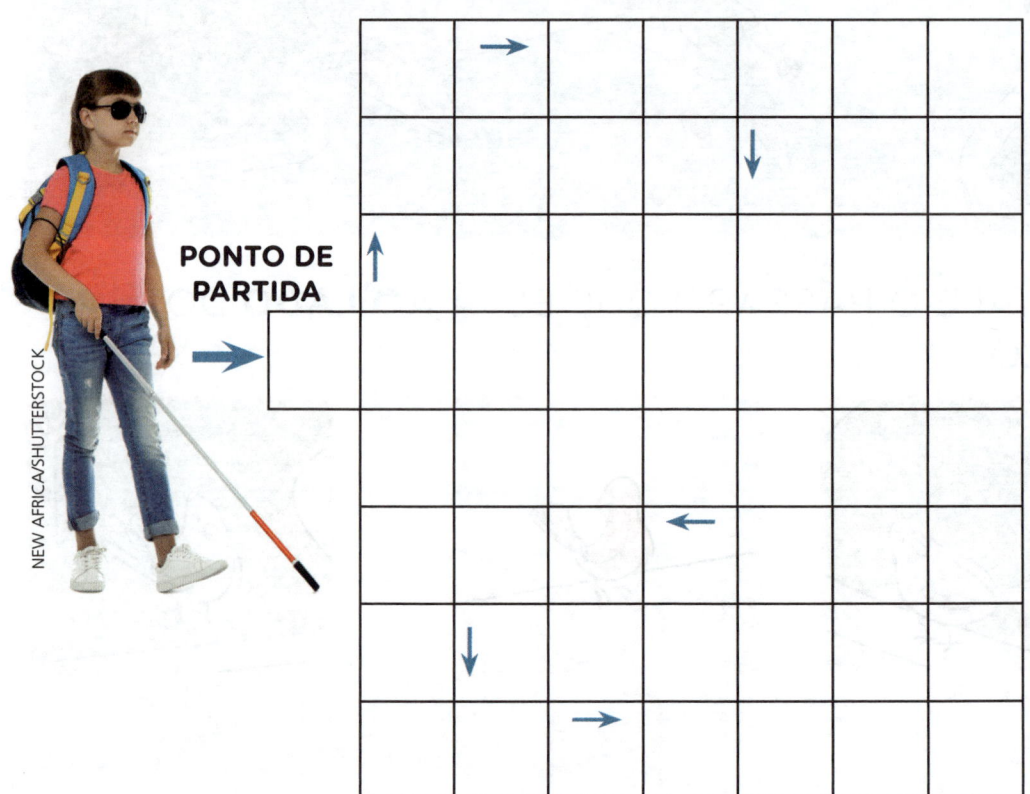

- EM CADA FILA, MARQUE UM **X** NA CRIANÇA QUE ESTÁ EM **SENTIDO CONTRÁRIO** AO DAS OUTRAS CRIANÇAS.

- PINTE O DESENHO DAS SETAS QUE INDICAM A **MESMA DIREÇÃO** E O **MESMO SENTIDO**.

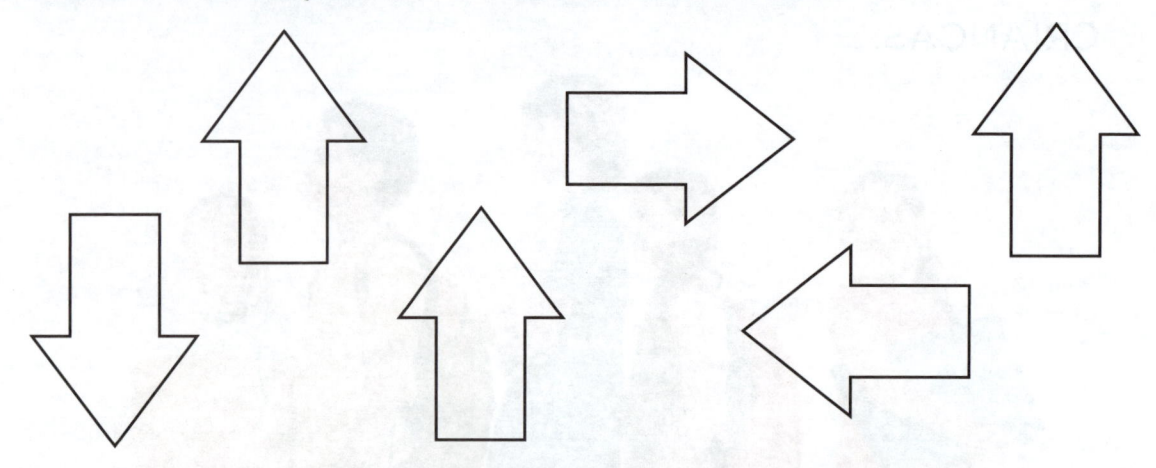

- USE OS ADESIVOS DA PÁGINA 193. COLE OS BARQUINHOS DE ACORDO COM A DIREÇÃO DAS VELAS.

PARA A DIREITA

PARA A ESQUERDA

- CIRCULE AS FOTOS ASSIM:

    〰️ ANIMAIS QUE CORREM **PARA A DIREITA**.

    〰️ ANIMAIS QUE CORREM **PARA A ESQUERDA**.

LIÇÃO 4

QUANTIDADES

OBSERVE BEM A CENA DO PARQUINHO.

JOSÉ LUIS JUHAS/ILUSTRA CARTOON

- CIRCULE AS CRIANÇAS QUE ESTÃO NO PARQUINHO.
- PINTE OS ANIMAIS QUE ESTÃO NA CENA.
- AGORA, RESPONDA:

QUANTAS CRIANÇAS ESTÃO NO PARQUINHO?

QUANTOS ANIMAIS VOCÊ PINTOU?

E QUAIS FORAM? DESENHE-OS.

- CONVERSE COM OS COLEGAS: VOCÊ JÁ FOI A UM PARQUINHO? GOSTOU? O QUE VOCÊ ENCONTROU LÁ?

OBSERVE OS QUADROS ABAIXO E FAÇA O QUE SE PEDE.

- DESENHE **MAIS** SAPOS DO QUE OS EXISTENTES NO PRIMEIRO QUADRO.

- DESENHE **MENOS** SAPOS DO QUE OS EXISTENTES NO PRIMEIRO QUADRO.

- DESENHE A **MESMA QUANTIDADE** DE SAPOS DO QUE OS EXISTENTES NO PRIMEIRO QUADRO.

- FAÇA UM **X** NO QUADRO EM QUE HÁ **MAIS** ELEMENTOS E RISQUE O QUADRO EM QUE HÁ **MENOS** ELEMENTOS.

- ASSINALE OS QUADROS QUE TÊM A **MESMA QUANTIDADE** DE ELEMENTOS.

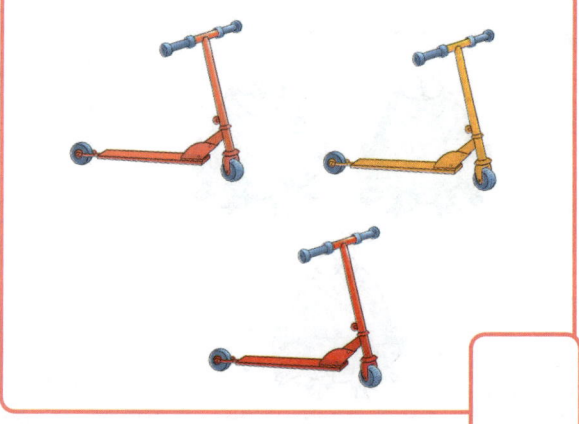

UTILIZE A CARTELA DE ADESIVOS DA PÁGINA 194 E SIGA AS ORIENTAÇÕES.

- COLE AS ESTRELAS AMARELAS NO QUADRO COM O CONTORNO AMARELO.
- COLE AS ESTRELAS AZUIS NO QUADRO COM O CONTORNO AZUL.

AGORA RESPONDA ORALMENTE:

- EM QUAL QUADRO HÁ MENOS ESTRELAS?
- EM QUAL QUADRO HÁ MAIS ESTRELAS?

LIÇÃO 5

NÚMERO 1

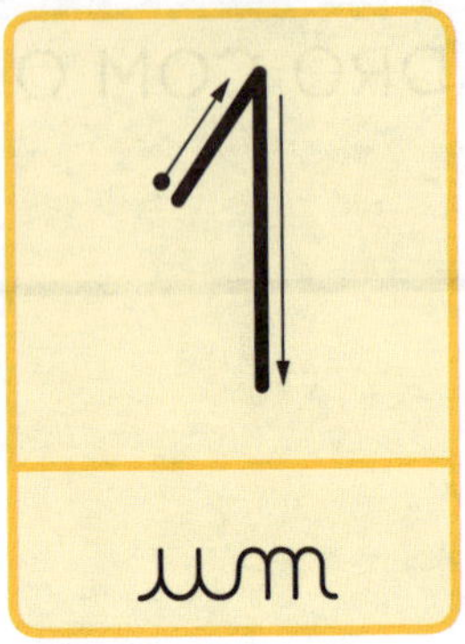

um

- ESCREVA O NÚMERO ① ATÉ O FINAL DA LINHA.

- PINTE OS DESENHOS DOS QUADROS EM QUE HÁ ① ELEMENTO.

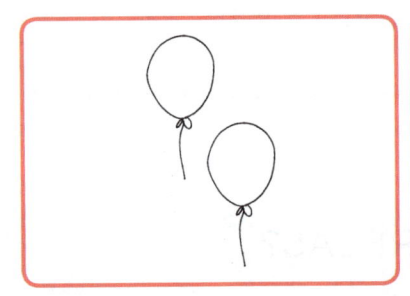

- LIGUE O NÚMERO 1 À QUANTIDADE CORRESPONDENTE DE FIGURAS.

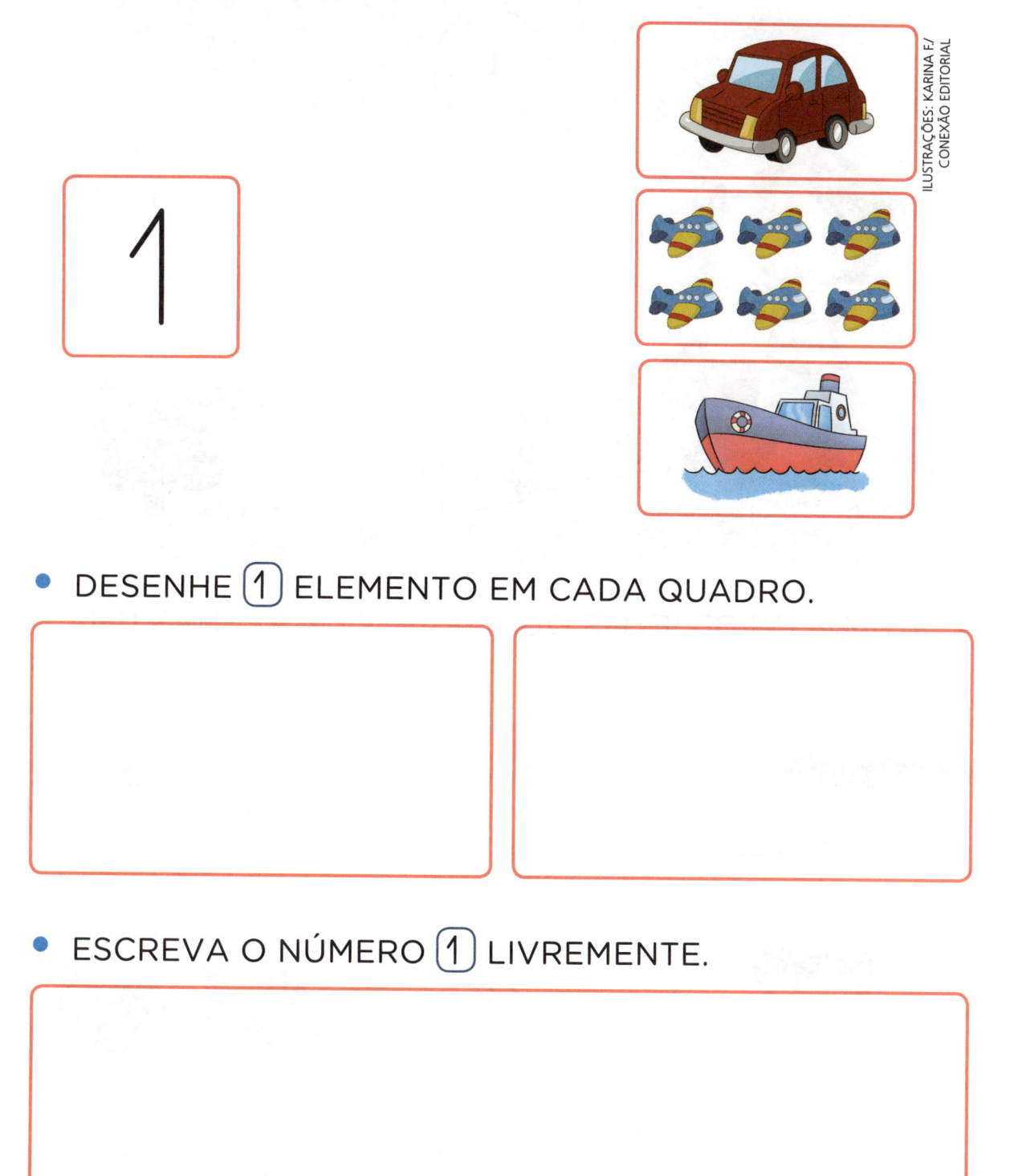

1

- DESENHE 1 ELEMENTO EM CADA QUADRO.

- ESCREVA O NÚMERO 1 LIVREMENTE.

- PINTE APENAS AS BOLHAS DE SABÃO EM QUE APARECE O NÚMERO 1.

- RISQUE OS OBJETOS QUE APARECEM APENAS **UMA** VEZ.

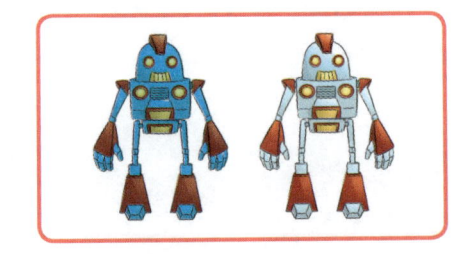

- OUÇA A LEITURA QUE A PROFESSORA VAI FAZER DO TEXTO.

> O NÚMERO 1 É O PRIMEIRO QUANDO EU VOU CONTAR.
> O NÚMERO 1 REPRESENTA UM ELEMENTO QUE NUNCA TEM UM PAR.
>
> MIRIAN GASPAR.

IMAGINÁRIO STUDIO

- ESCREVA O NÚMERO ① NO QUADRO EM QUE APARECE APENAS ① ANIMAL.

- OUÇA A LEITURA DO TRAVA-LÍNGUA.

UM SAPO DENTRO DO SACO
O SACO COM SAPO DENTRO
O SAPO BATENDO PAPO
O PAPO CHEIO DE VENTO.

DOMÍNIO PÚBLICO.

- CIRCULE O SACO EM QUE ESTÁ REPRESENTADO O NÚMERO 1.

- DESENHE O ANIMAL QUE É CITADO NO TRAVA-
-LÍNGUA.

LIÇÃO 6

NÚMERO 2

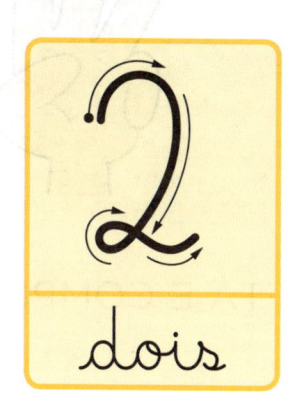

2
dois

- ESCREVA O NÚMERO ② ATÉ O FINAL DA LINHA.

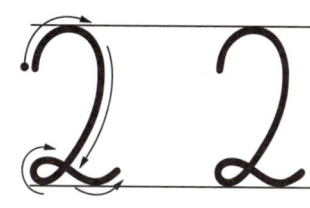

2 2

- FAÇA UM **X** NA ETIQUETA DOS QUADROS EM QUE HÁ ② ELEMENTOS.

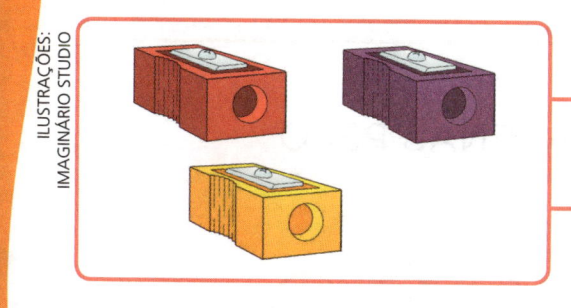

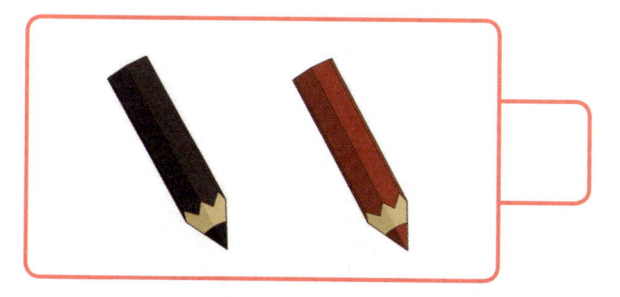

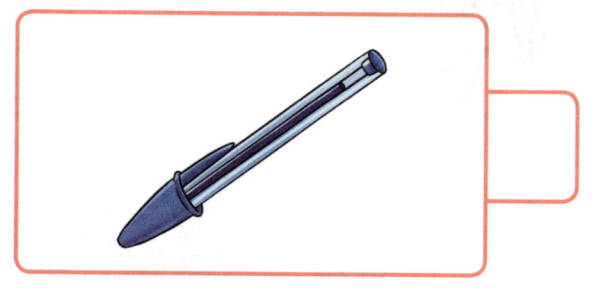

- CIRCULE A MÃO QUE INDICA O NÚMERO 2.

- OBSERVE O NÚMERO DA ETIQUETA E COMPLETE OS QUADROS.

- SIGA O CAMINHO, PASSANDO APENAS PELO NÚMERO 2.

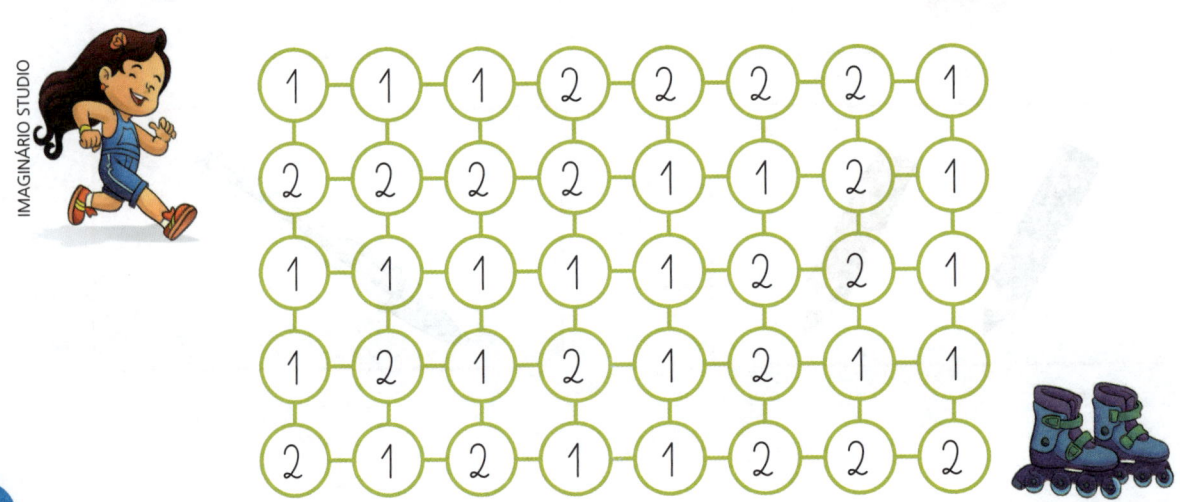

- FAÇA UM CÍRCULO EM VOLTA DOS ELEMENTOS QUE APARECEM 2 VEZES.

2

- ESCREVA O NÚMERO 2 LIVREMENTE.

- ACOMPANHE A LEITURA QUE A PROFESSORA VAI FAZER DO POEMA.

> TENHO DOIS OLHOS
> PRA VER O MUNDO
> E DOIS OUVIDOS
> PRA OUVIR TUDO QUANTO É RUÍDO.
>
> TAMBÉM SÃO DUAS
> AS MINHAS MÃOS,
> E DUAS AS RODAS DA BICICLETA
> QUE MOVIMENTO COM MEUS DOIS PÉS.
>
> DOIS OLHOS, DUAS ORELHAS, DUAS MÃOS,
> DUAS RODAS, DOIS PÉS.
>
> NILSON JOSÉ MACHADO. *CONTANDO DE UM A DEZ*.
> SÃO PAULO: SCIPIONE, 2008.

- NO DESENHO, CIRCULE AS PARTES DO CORPO QUE APARECEM AOS PARES. USE A MESMA COR PARA CADA PAR.

- DE ACORDO COM O POEMA, RISQUE O NÚMERO QUE CORRESPONDE ÀS RODAS DA BICICLETA.

3   2   1

- ESCREVA O NÚMERO ②APENAS NAS PLACAS AMARELAS.

- CONVERSE COM OS COLEGAS E A PROFESSORA: VOCÊ CONHECE ESTA PLACA DE TRÂNSITO? SABE O QUE ELA SIGNIFICA?

- DESENHE ② BRINQUEDOS DE QUE VOCÊ GOSTA.

LIÇÃO 7

NÚMERO 3

3
três

- ESCREVA O NÚMERO ③ ATÉ O FINAL DA LINHA.

3 3

- OBSERVE OS QUADROS A SEGUIR. CADA UM DELES DEVE CONTER ③ ELEMENTOS. COMPLETE-OS UTILIZANDO OS ADESIVOS DA PÁGINA 195.

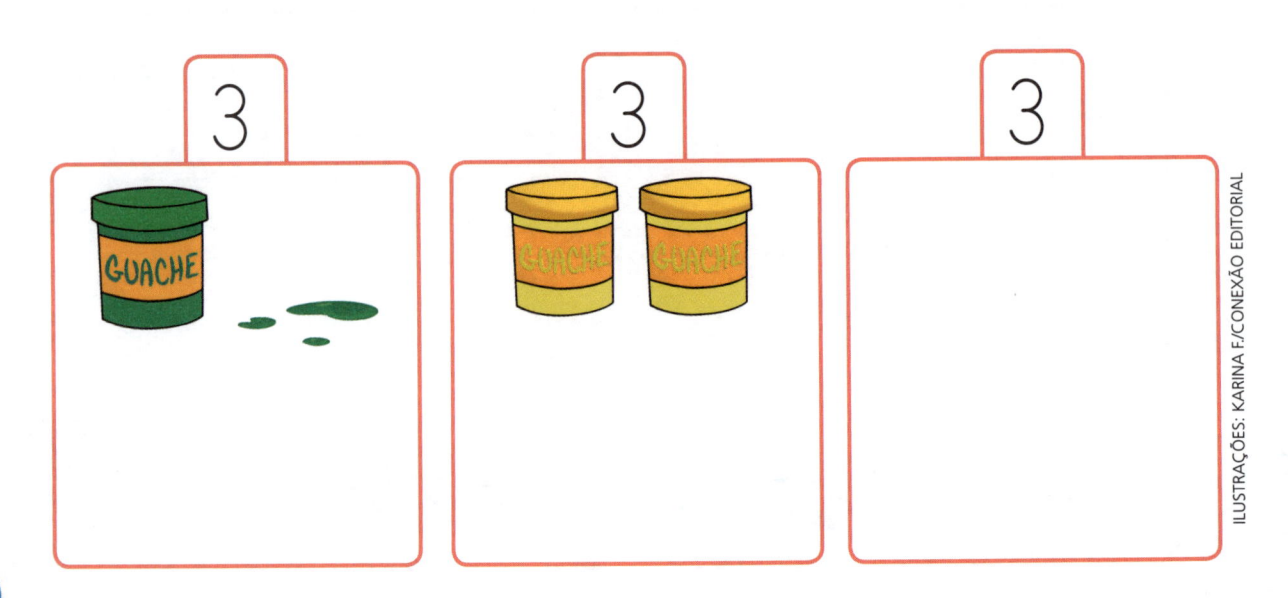

3　　3　　3

- LIGUE O NÚMERO ③ AOS QUADROS EM QUE HÁ ③ ELEMENTOS.

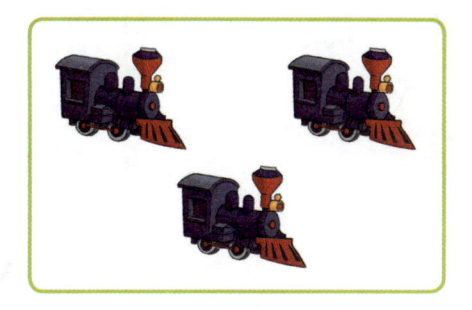

- PINTE OS CÍRCULOS DE ACORDO COM A SEQUÊNCIA DE CORES.

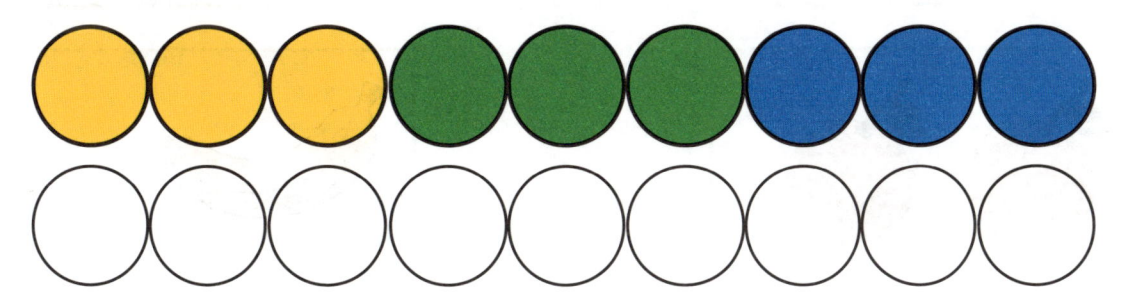

- QUANTOS CÍRCULOS VOCÊ PINTOU DE CADA COR?

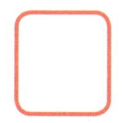

- CONTE OS ELEMENTOS DE CADA QUADRO. DEPOIS, DESENHE OS ELEMENTOS QUE FALTAM PARA QUE CADA QUADRO TENHA ③ ELEMENTOS.

- CONTE OS ELEMENTOS DE CADA QUADRO. DEPOIS, CIRCULE O NÚMERO CORRESPONDENTE À QUANTIDADE.

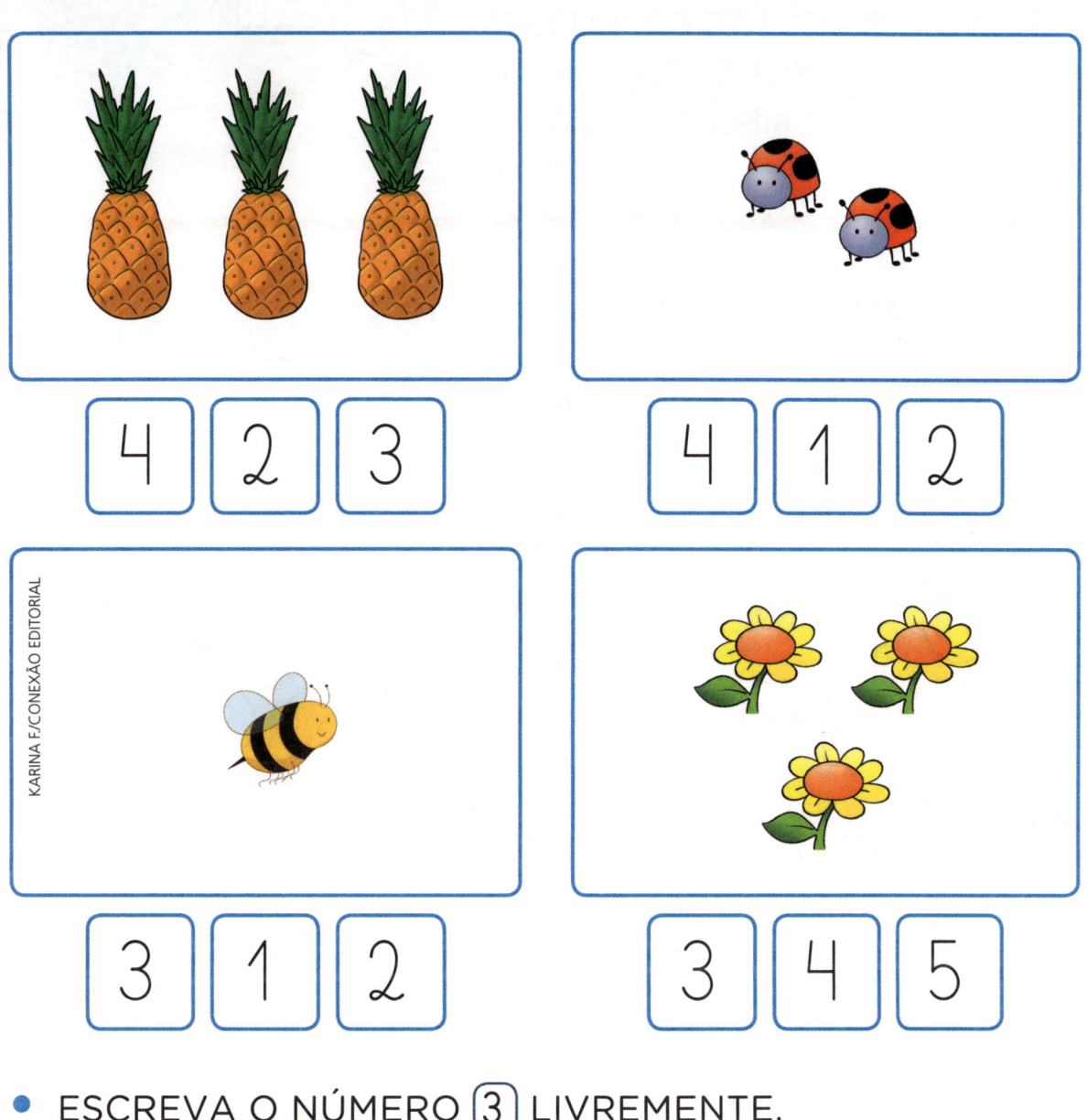

| 4 | 2 | 3 |

| 4 | 1 | 2 |

| 3 | 1 | 2 |

| 3 | 4 | 5 |

- ESCREVA O NÚMERO 3 LIVREMENTE.

- CANTE COM OS COLEGAS E A PROFESSORA.

O MEU CHAPÉU TEM TRÊS PONTAS,
TEM TRÊS PONTAS O MEU CHAPÉU.
SE NÃO TIVESSE TRÊS PONTAS,
NÃO SERIA O MEU CHAPÉU.

DOMÍNIO PÚBLICO.

- O CHAPÉU TEM QUANTAS PONTAS?
- PINTE OS CHAPÉUS DE 3 PONTAS.

- OUÇA COM ATENÇÃO O TRAVA-LÍNGUA.

TRÊS TIGRES TRISTES
PARA TRÊS PRATOS DE TRIGO.
TRÊS PRATOS DE TRIGO
PARA TRÊS TIGRES TRISTES.

DOMÍNIO PÚBLICO.

- UTILIZE A CARTELA DE ADESIVOS DA PÁGINA 195 E COLE OS PRATOS DE TRIGO PARA OS TRÊS TIGRES.

- QUANTOS PRATOS VOCÊ COLOU?

- CONTE E ESCREVA O NÚMERO DE ANIMAIS QUE ESTÃO DESTACADOS.

LIÇÃO 8

NÚMERO 4

- ESCREVA O NÚMERO 4 ATÉ O FINAL DA LINHA.

- COLE OS BALÕES, USE OS ADESIVOS DA PÁGINA 195.

- QUANTOS BALÕES VOCÊ COLOU?

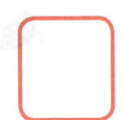

- ESCREVA AS RESPOSTAS NOS QUADROS.

QUANTAS PATAS TEM O CACHORRO?

QUANTAS BICICLETAS VOCÊ VÊ?

E QUANTAS RODAS?

QUANTAS CRIANÇAS VOCÊ VÊ?

E QUANTOS TÊNIS?

- CONTE OS ELEMENTOS DE CADA QUADRO.
- DESENHE OS ELEMENTOS QUE FALTAM PARA QUE CADA QUADRO TENHA 4 ELEMENTOS.

- COMPLETE COM OS NÚMEROS QUE FALTAM.

| 1 | 2 | | 4 | | 2 | | |

| | | 3 | | | | | |

- PINTE OS QUADRINHOS DE ACORDO COM A INDICAÇÃO DOS NÚMEROS.

1 →

2 →

3 →

4 →

- CIRCULE APENAS OS NÚMEROS 4.

4   2   4   4   3   4
   4   1
3   1   1   3   2   4   2

45

- DESENHE A QUANTIDADE DE BOLINHAS DE ACORDO COM O NÚMERO INDICADO.

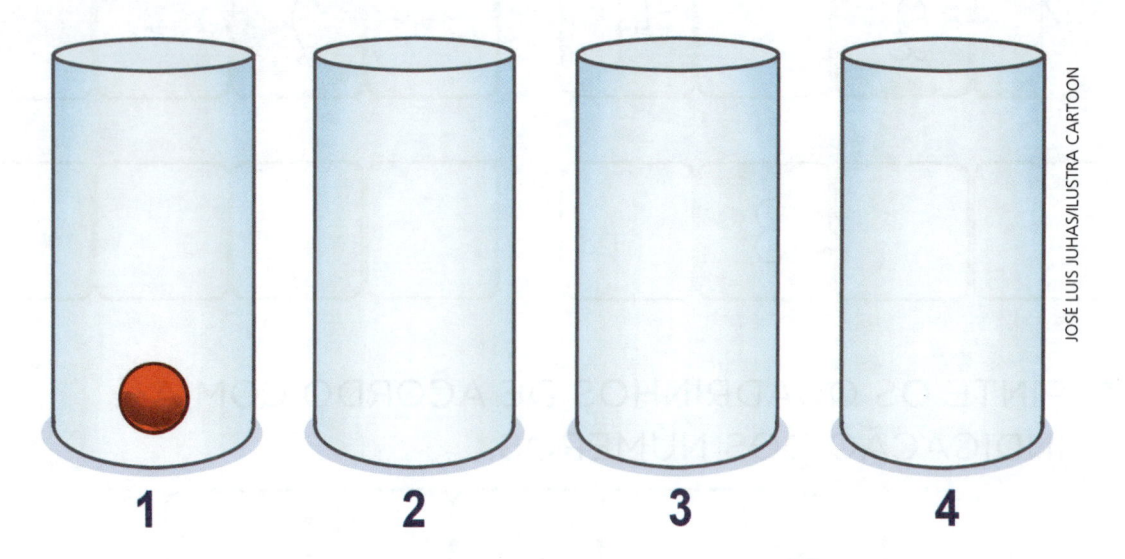

1   2   3   4

- CONTE AS MAÇÃS QUE ESTÃO EM CADA ÁRVORE E REGISTRE A QUANTIDADE.

- CANTE A MÚSICA DA BORBOLETINHA COM OS COLEGAS.

BORBOLETINHA

BORBOLETINHA TÁ NA COZINHA
FAZENDO CHOCOLATE
PARA A MADRINHA

POTI, POTI
PERNA DE PAU
OLHO DE VIDRO
E NARIZ DE PICA-PAU PAU PAU

CANTIGA POPULAR

- OBSERVE A CENA E RESPONDA:

    QUANTAS BORBOLETAS ESTÃO SOBRE A FLOR? ☐

    QUANTAS BORBOLETAS CHEGARAM DEPOIS? ☐

    QUANTAS BORBOLETAS HÁ NO TOTAL? ☐

- AGORA, DESENHE UMA FLOR PARA CADA BORBOLETA QUE VOCÊ CONTOU.

LIÇÃO 9

NÚMERO 5

5
cinco

- ESCREVA O NÚMERO ⑤ ATÉ O FINAL DA LINHA.

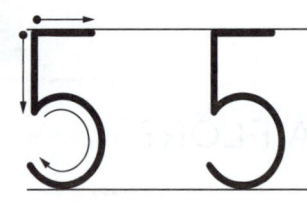

5 5

- PINTE AS FIGURAS DOS QUADROS EM QUE HÁ ⑤ ELEMENTOS.

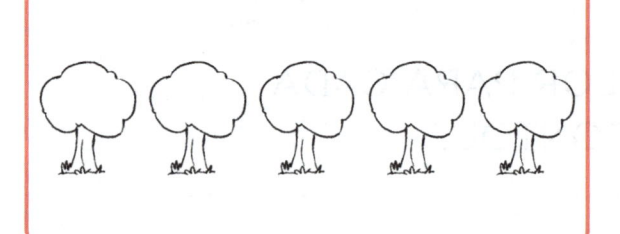

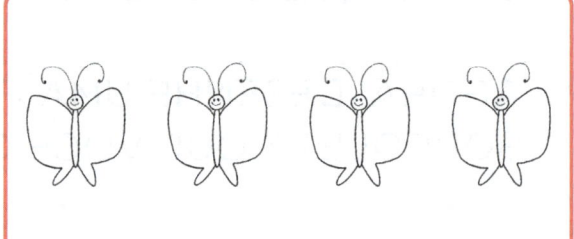

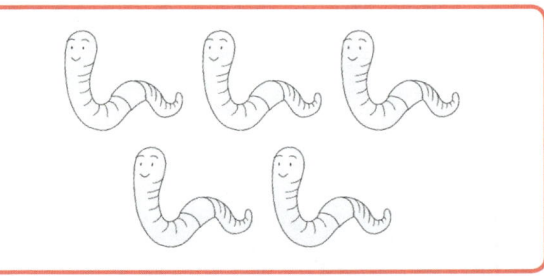

- OBSERVE O NÚMERO DA ETIQUETA E COMPLETE OS QUADROS.

| 5 | 5 | 5 |

- COMPLETE A SEQUÊNCIA COM OS NÚMEROS QUE ESTÃO FALTANDO.

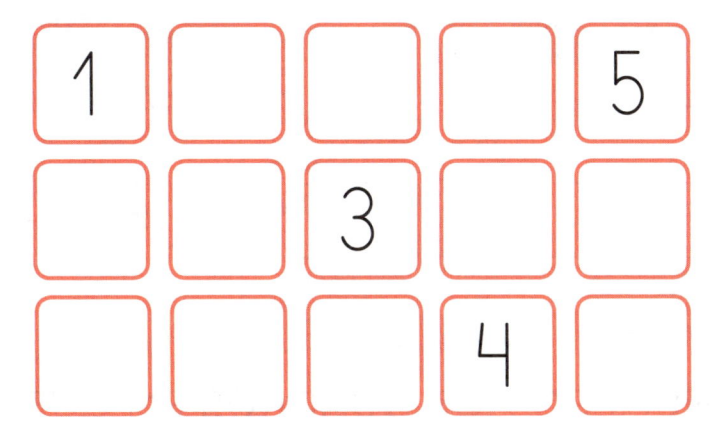

1				5
		3		
			4	

- ESCREVA O NÚMERO 5 LIVREMENTE.

49

- PINTE AS FIGURAS DE ACORDO COM A LEGENDA.
- DEPOIS, ESCREVA NOS QUADROS QUANTAS FIGURAS DE CADA FORMA VOCÊ PINTOU.

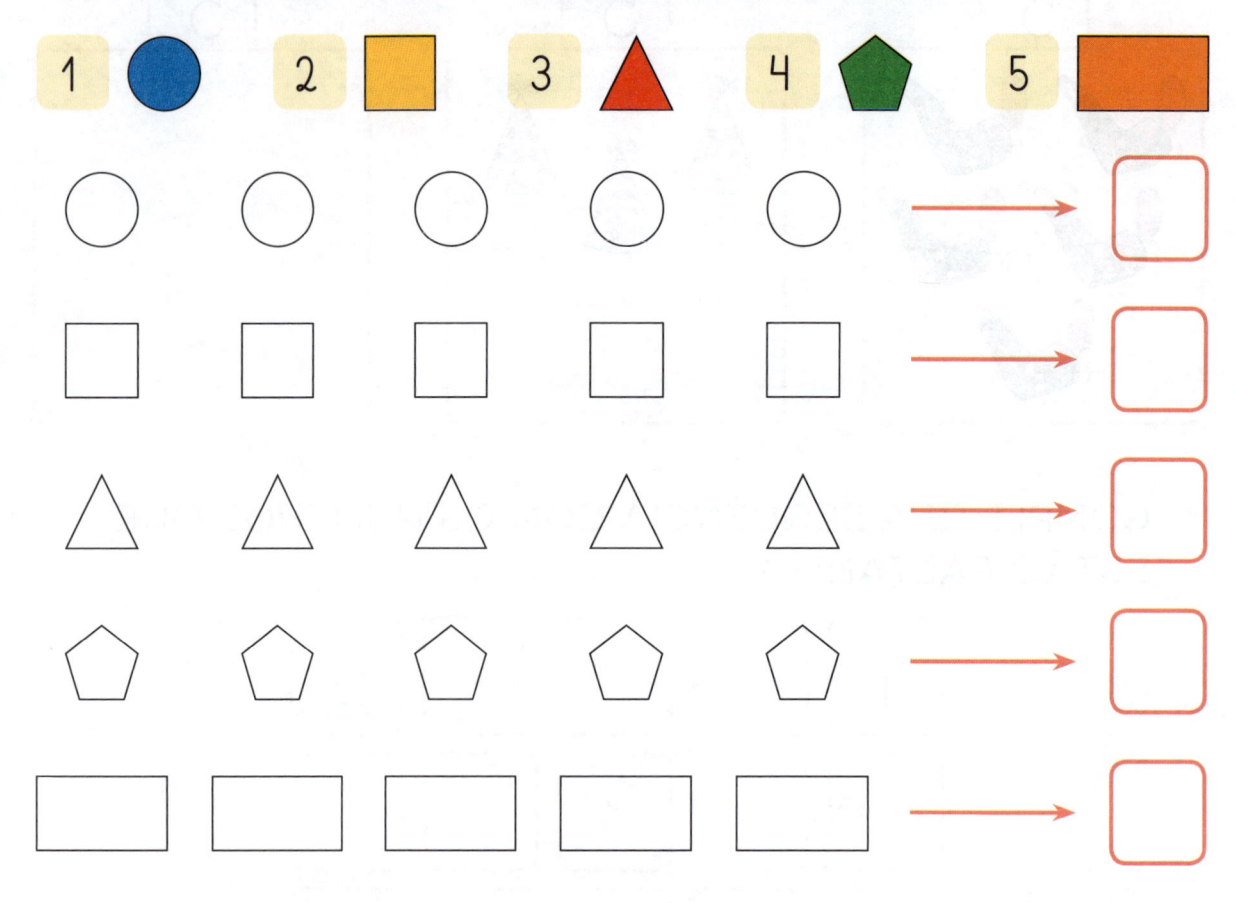

1 ●   2 ■   3 ▲   4 ⬠   5 ▬

- LIGUE O NÚMERO AOS QUADROS EM QUE HÁ ⑤ ELEMENTOS.

ILUSTRAÇÕES: IMAGINÁRIO STUDIO

5

50

- OUÇA A LEITURA DA PARLENDA.

> O DOCE PERGUNTOU PRO DOCE,
> QUAL É O DOCE MAIS DOCE?
> O DOCE RESPONDEU PRO DOCE
> QUE O DOCE MAIS DOCE
> É O DOCE DE BATATA-DOCE.
>
> DOMÍNIO PÚBLICO.

- PINTE APENAS 5 DOCES.

- CONTE QUANTOS ELEMENTOS IGUAIS HÁ NA PRATELEIRA DA LOJA DE BRINQUEDOS E REGISTRE NAS ETIQUETAS.

- LEIA O TEXTO COM A PROFESSORA.

SÃO CINCO AS VOGAIS
DO NOSSO ALFABETO.
CINCO SÃO OS DEDOS
QUE TEMOS NA MÃO,
TANTOS QUANTAS SÃO AS RODAS
DE UM CARRO.

SÃO QUATRO RODANDO
E UMA GUARDADINHA
PARA QUANDO UM PREGO
APARECER NO CHÃO.

NILSON JOSÉ MACHADO. *CONTANDO DE UM A DEZ*. SÃO PAULO: SCIPIONE, 2008.

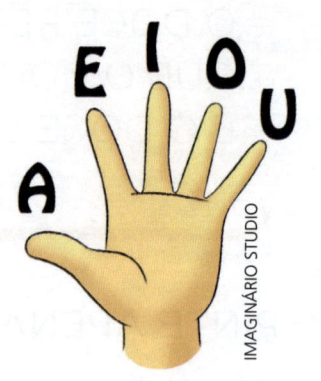

- AGORA, RESPONDA ÀS PERGUNTAS, CIRCULANDO O NÚMERO CORRETO.

QUANTAS SÃO AS VOGAIS?

1 2 3 4 5

QUANTOS SÃO OS DEDOS QUE TEMOS EM CADA MÃO?

1 2 3 4 5

- OBSERVE A CENA E RESPONDA ÀS PERGUNTAS.

- NO PARQUE HÁ:

    QUANTAS MENINAS? ☐

    QUANTOS MENINOS? ☐

    ELES ESTÃO ALEGRES OU TRISTES?

    ☐ ALEGRES   ☐ TRISTES

    QUANTAS ÁRVORES? ☐

    QUANTOS BANCOS? ☐

- ESCREVA NO QUADRINHO O NÚMERO DE CRIANÇAS QUE ESTÃO NO PARQUE. ☐

- CONTE QUANTOS ELEMENTOS HÁ NO QUADRO DO MEIO. DEPOIS, DESENHE **1** ELEMENTO **A MENOS** NO QUADRO DA ESQUERDA E **1** ELEMENTO **A MAIS** NO QUADRO DA DIREITA.

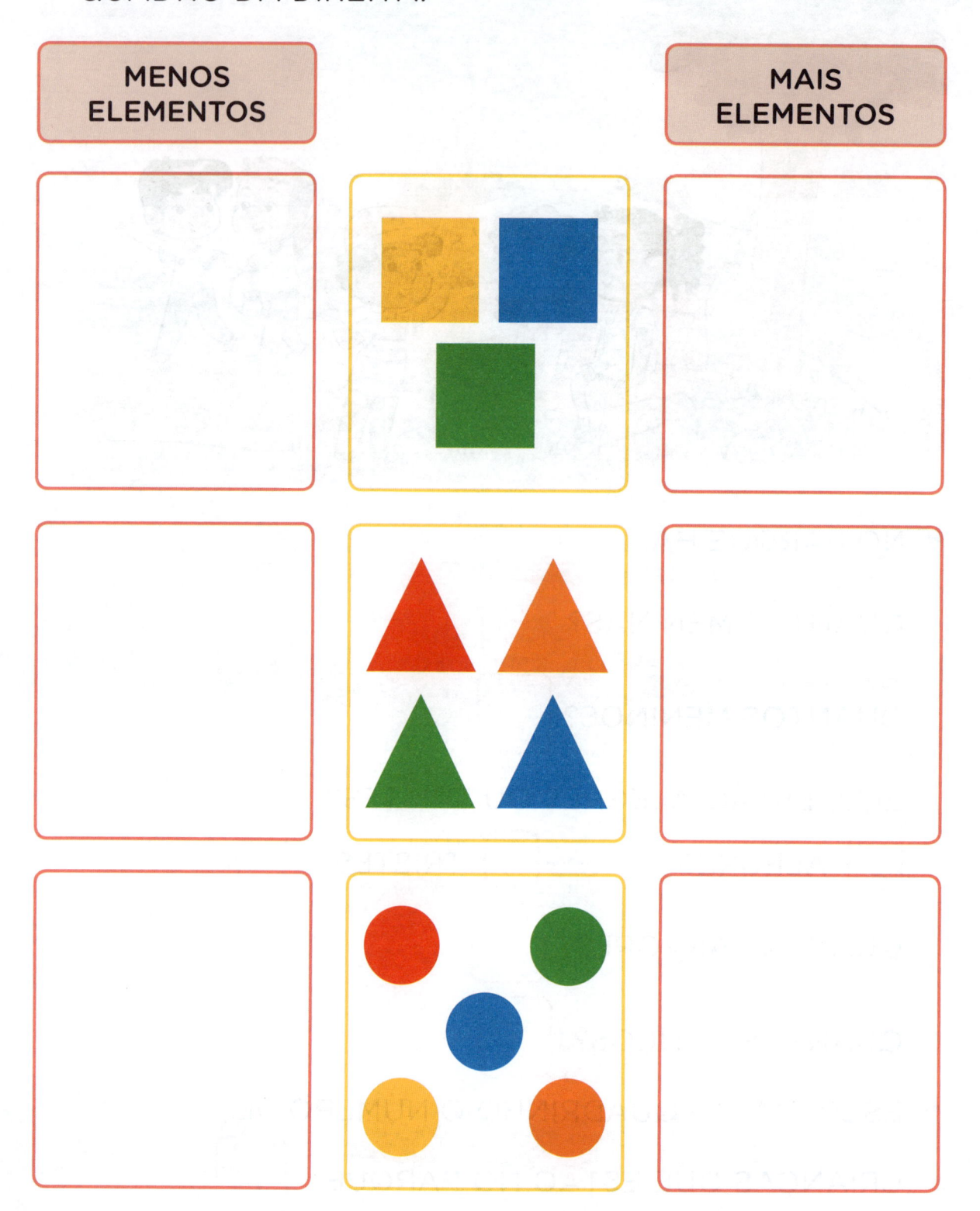

| MENOS ELEMENTOS | | MAIS ELEMENTOS |

LIÇÃO 10

NÚMERO 6

- ESCREVA O NÚMERO 6 ATÉ O FINAL DA LINHA.

- OBSERVE OS QUADROS ABAIXO. CADA UM DELES DEVE TER 6 ELEMENTOS. DESENHE OS ELEMENTOS NECESSÁRIOS PARA COMPLETÁ-LOS.

• OBSERVE AS CRIANÇAS BRINCANDO. QUANTAS SÃO?

ILUSTRAÇÕES: JOÃO ANSELMO E IZOMAR

HENRIQUE   JOSÉ   RICARDO

PAULA    MARIANA    CAROL

• PINTE A CAMISETA DAS CRIANÇAS SEGUINDO A LEGENDA DE CORES.

■ MARIANA   ■ CAROL   ■ PAULA

■ HENRIQUE   ■ JOSÉ   ■ RICARDO

- OBSERVE O NÚMERO DA ETIQUETA E, EM CADA CASO, CIRCULE O AGRUPAMENTO QUE O REPRESENTA.

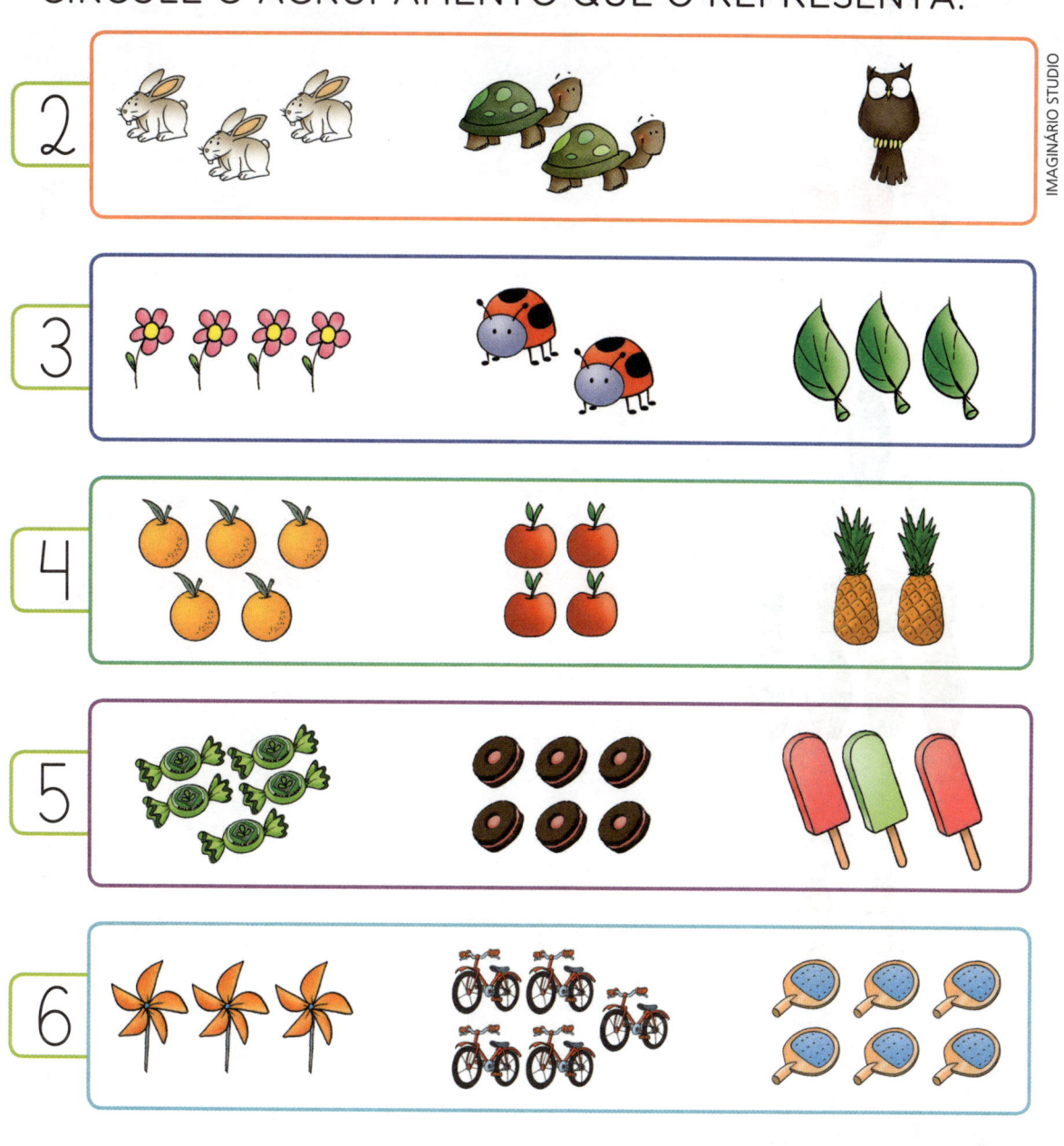

- ESCREVA O NÚMERO 6 LIVREMENTE.

- LIGUE CADA GRUPO DE ELEMENTOS AO NÚMERO CORRESPONDENTE.

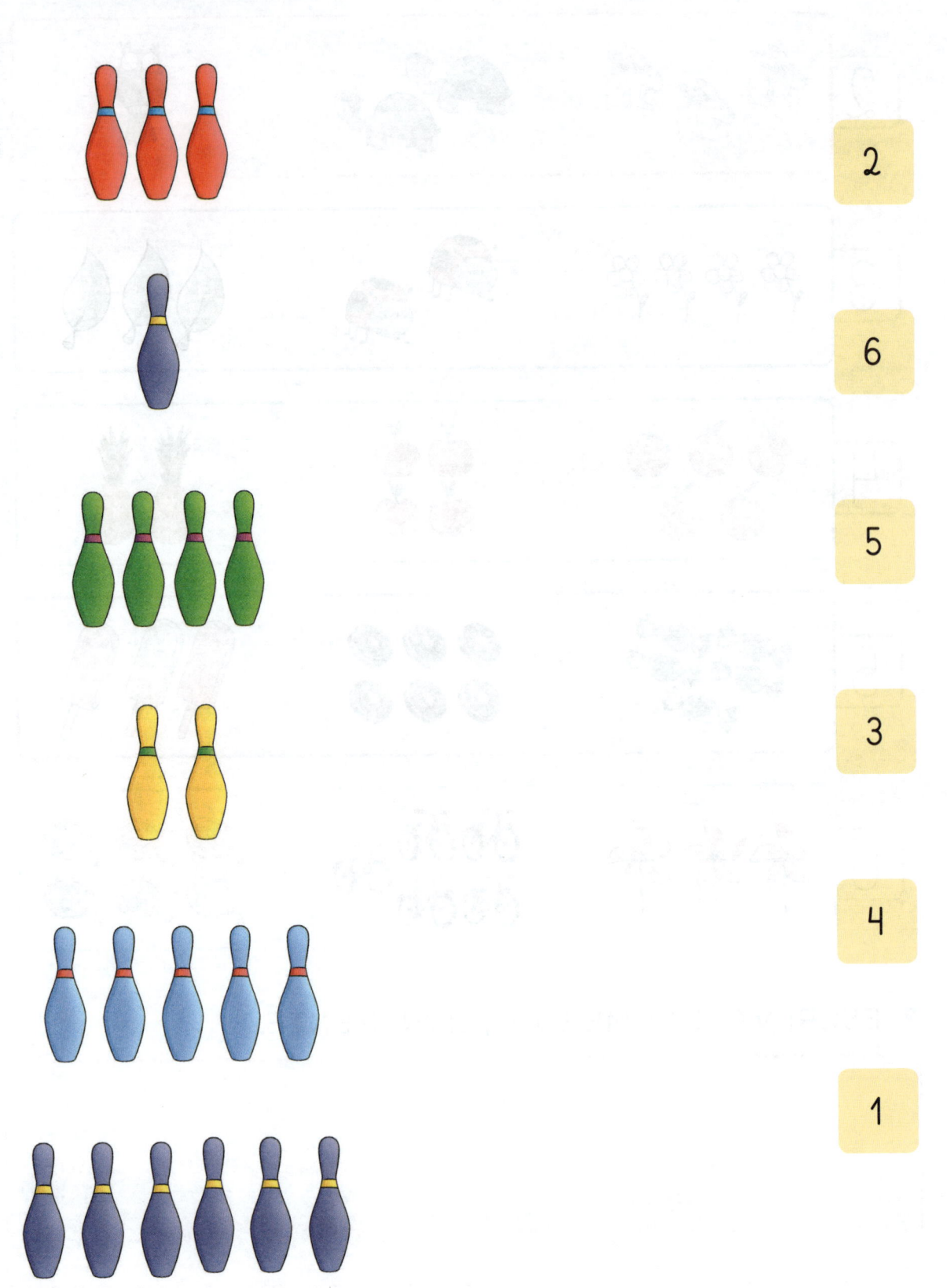

2

6

5

3

4

1

- LEIA O TEXTO COM A PROFESSORA.

> MAMÃE GATA TEVE SEIS FILHOTES.
> ERAM SEIS GATINHOS.
> CADA UM GANHOU UM PRATINHO DE LEITE
> E UMA BOLINHA PARA BRINCAR.
>
> AS AUTORAS.

- DESENHE, NO QUADRO, O 🥣 E A 🔴 DE CADA GATINHO.

- QUANTAS 🔴 VOCÊ DESENHOU?

- E QUANTOS 🥣 ?

MARIA VAI FAZER UMA SOPA DE LEGUMES.

- MARQUE UM **X** NO NÚMERO QUE CORRESPONDE À QUANTIDADE NECESSÁRIA DE INGREDIENTES QUE ELA VAI PRECISAR.

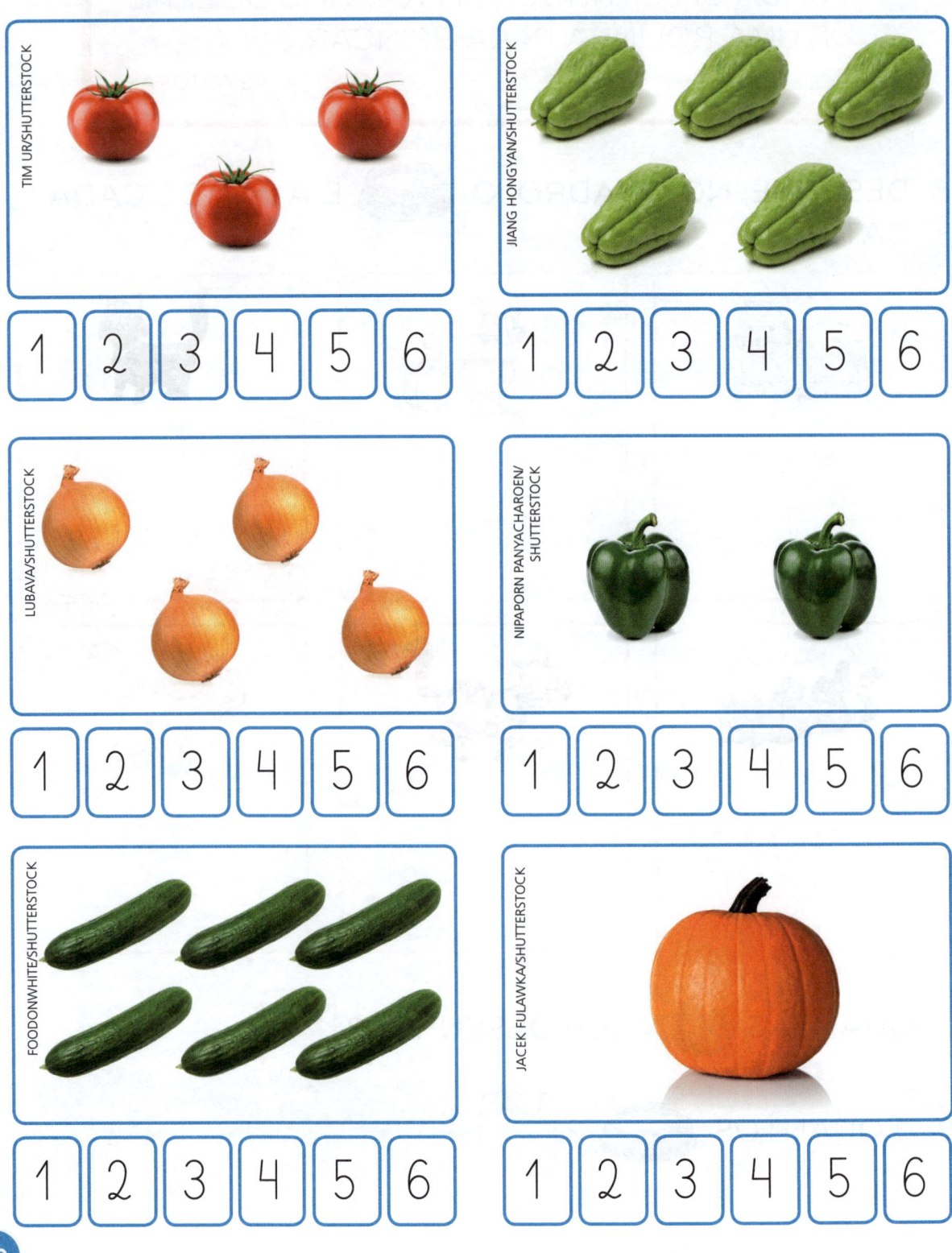

| 1 | 2 | 3 | 4 | 5 | 6 |

| 1 | 2 | 3 | 4 | 5 | 6 |

| 1 | 2 | 3 | 4 | 5 | 6 |

| 1 | 2 | 3 | 4 | 5 | 6 |

| 1 | 2 | 3 | 4 | 5 | 6 |

| 1 | 2 | 3 | 4 | 5 | 6 |

- VOCÊ CONHECE AS PEÇAS DO JOGO DE DOMINÓ? CIRCULE O NÚMERO QUE REPRESENTA A QUANTIDADE DE BOLINHAS DE CADA PARTE DA PEÇA.

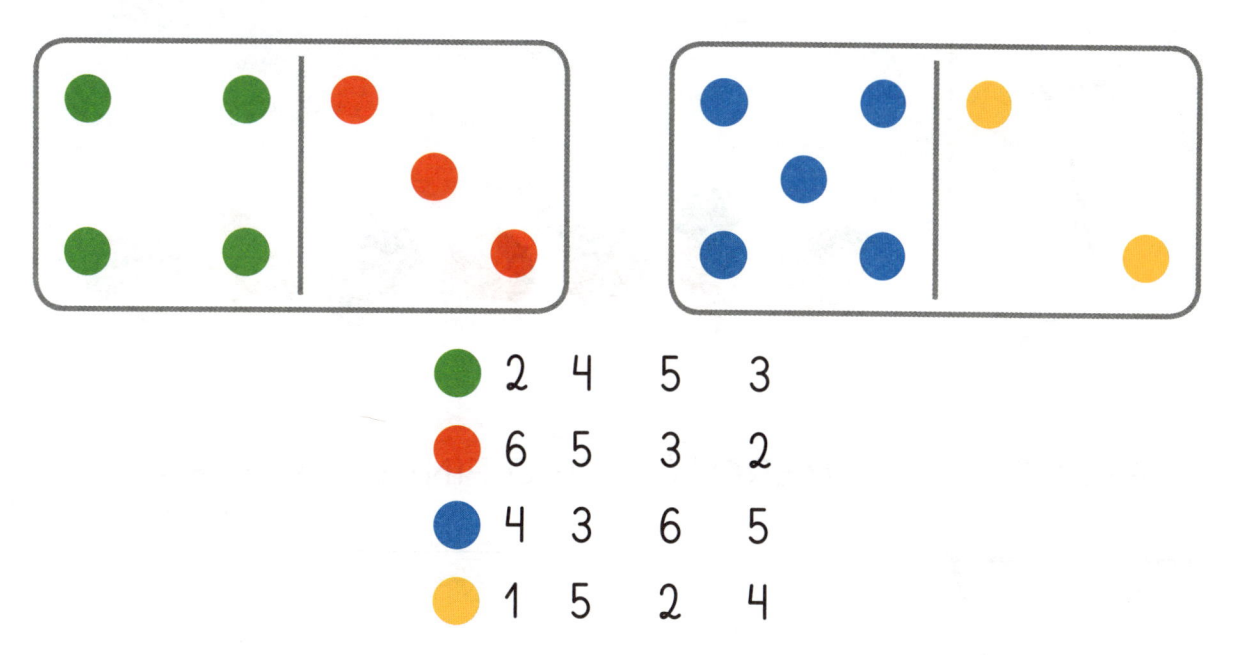

🟢 2 4 5 3
🔴 6 5 3 2
🔵 4 3 6 5
🟡 1 5 2 4

- DESENHE EM CADA PEÇA A QUANTIDADE DE BOLINHAS PEDIDA.

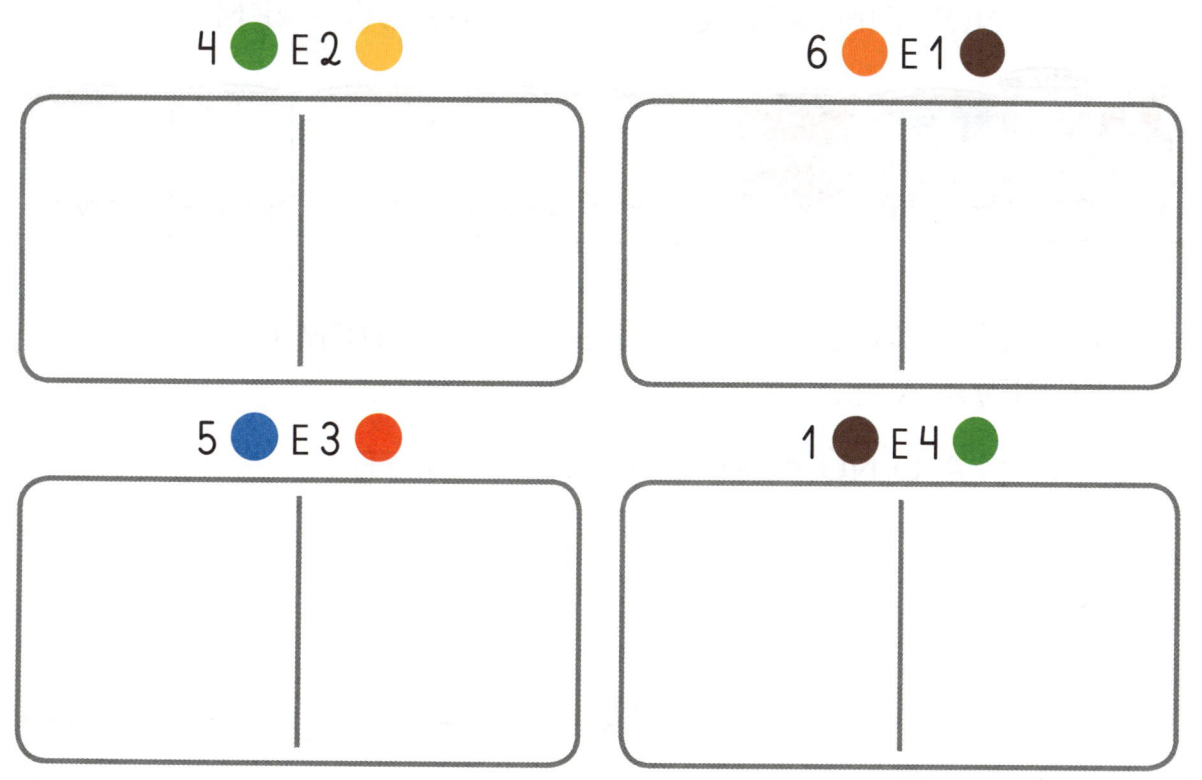

4 🟢 E 2 🟡

6 🟠 E 1 🟤

5 🔵 E 3 🔴

1 🟤 E 4 🟢

LIÇÃO 11

NÚMERO 7

7
sete

- ESCREVA O NÚMERO 7 ATÉ O FINAL DA LINHA.

7 7

- CONTINUE PINTANDO OS VAGÕES DO TREM.

- CONTE QUANTOS VAGÕES HÁ NO TREM E ESCREVA A RESPOSTA NO QUADRO.

- ESCREVA O NÚMERO 7 LIVREMENTE.

- PINTE APENAS AS FIGURAS DOS QUADROS EM QUE APARECEM ⑦ ELEMENTOS. DEPOIS, ESCREVA O NÚMERO ⑦ NA ETIQUETA DESSES QUADROS.

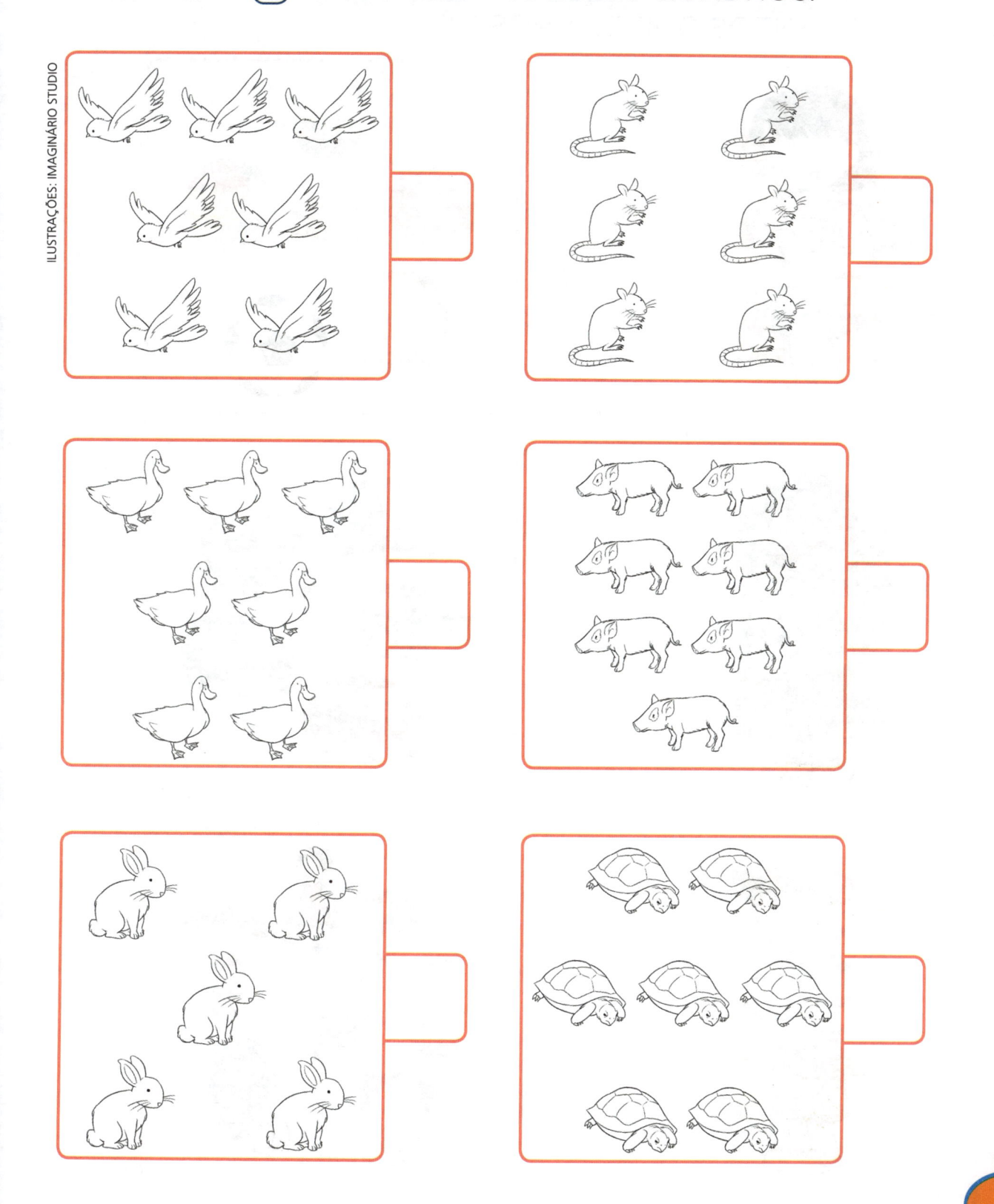

ILUSTRAÇÕES: IMAGINÁRIO STUDIO

- OBSERVE O CARTAZ QUE CADA CRIANÇA ESTÁ SEGURANDO. DEPOIS, LIGUE CADA CRIANÇA À SUA COLEÇÃO DE OBJETOS E ESCREVA O NÚMERO DE ELEMENTOS QUE ELA POSSUI.

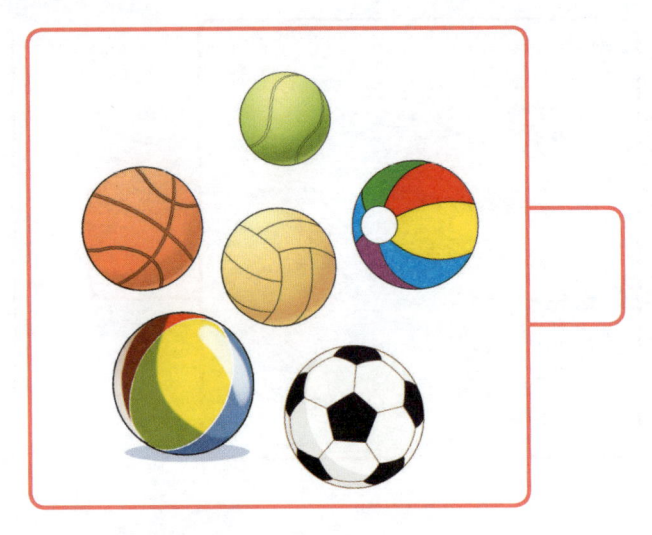

- CONTE A QUANTIDADE DE CADA FRUTA QUE ESTÁ NA BARRACA E REGISTRE NA ETIQUETA CORRESPONDENTE.

- DESENHE NO ESPAÇO ABAIXO A FRUTA DE QUE VOCÊ GOSTA MAIS.

- VOCÊ CONHECE A HISTÓRIA DA BRANCA DE NEVE? QUANTOS ANÕES FAZEM PARTE DESSE CONTO DE FADAS? CIRCULE O NÚMERO CERTO.

3 5 7

6 4

- ESCREVA NOS ESPELHOS OS NÚMEROS DE 1 A 7.

FOTOS: SHUTTERSTOCK

- CONVERSE COM OS COLEGAS E A PROFESSORA SOBRE A HISTÓRIA DE BRANCA DE NEVE E OS SETE ANÕES.

- COMPLETE AS SEQUÊNCIAS NUMÉRICAS DAS CASINHAS.

- CANTE COM OS COLEGAS.

> A BARATA DIZ QUE TEM
> SETE SAIAS DE FILÓ
> É MENTIRA DA BARATA
> ELA TEM É UMA SÓ
>
> DOMÍNIO PÚBLICO.

- PINTE CADA SAIA COM UMA COR DIFERENTE.

- QUANTAS SAIAS VOCÊ PINTOU?

LIÇÃO 12

NÚMERO 8

8
oito

- ESCREVA O NÚMERO 8 ATÉ O FINAL DA LINHA.

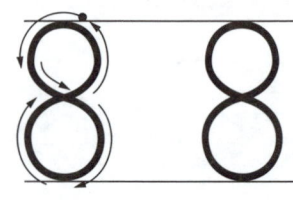

- QUE NÚMERO ESTÁ REPRESENTADO NAS FIGURAS A SEGUIR? ESCREVA-O NAS ETIQUETAS.

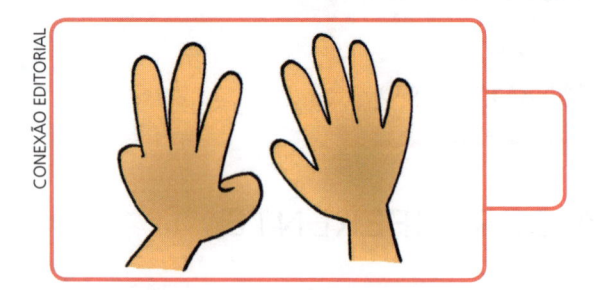

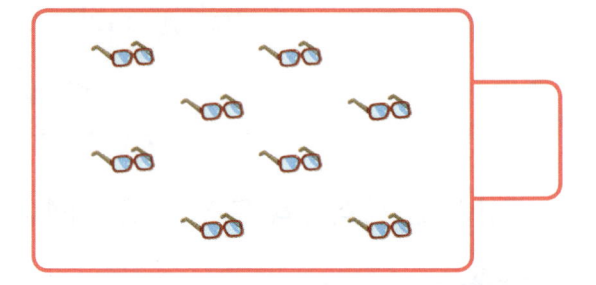

- COMPLETE A RÉGUA NUMÉRICA COM OS NÚMEROS QUE FALTAM.

| 1 | 2 | 3 | | | | | |

68

- CONTE A QUANTIDADE DE PIPOCAS QUE HAVIA EM CADA SAQUINHO. UTILIZE A CARTELA DE ADESIVOS DA PÁGINA 195 E COLE O NÚMERO CORRESPONDENTE.

- DESENHE 8 PIRULITOS COLORIDOS.

- COLE AS ETIQUETAS NAS CAMISETAS, DE ACORDO COM AS CORES DAS CAIXAS. USE OS ADESIVOS DA PÁGINA 196.

- PINTE OS QUADRADOS SEGUINDO A SEQUÊNCIA DE CORES.

- ESCREVA QUANTOS QUADRADOS DE CADA COR HÁ NO QUADRO ACIMA.

    AMARELO ☐   VERDE ☐

    AZUL ☐   VERMELHO ☐

- ESCREVA O NÚMERO 8 LIVREMENTE.

- LEIA COM OS COLEGAS E A PROFESSORA.

> TALVEZ EU POSSA LEMBRAR-LHE COM QUE NÚMERO RIMA BISCOITO. SERÁ QUE ADIVINHOU? SIM, É O NÚMERO OITO.
>
> DARCI MARIA BRIGNANI. ... *DE A A Z, DE 1 A 10...* SÃO PAULO: COMPANHIA EDITORA NACIONAL, 2005. P. 28.

ILUSTRAÇÕES: IMAGINÁRIO STUDIO

- CIRCULE OS BISCOITOS QUE ESTÃO FORA DO PACOTE.

- QUANTOS BISCOITOS VOCÊ CIRCULOU?

- ENCONTRE E PINTE APENAS O NÚMERO 8.

1	8	2	0	8	9	4	8
7	0	3	8	6	5	8	9
8	5	8	4	1	8	7	6

- VOCÊ CONHECE ESTE ANIMAL? CONVERSE SOBRE ELE COM OS COLEGAS E A PROFESSORA.

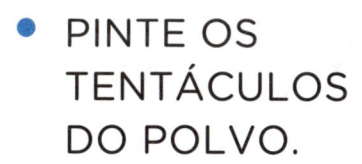

- PINTE OS TENTÁCULOS DO POLVO.

EVGENIYA PRUSAKOVA/SHUTTERSTOCK

- QUANTOS TENTÁCULOS VOCÊ PINTOU? ☐

- CANTE A MÚSICA DA DONA ARANHA COM OS COLEGAS E A PROFESSORA.

DONA ARANHA
A DONA ARANHA SUBIU PELA PAREDE
VEIO A CHUVA FORTE E A DERRUBOU
JÁ PASSOU A CHUVA, O SOL JÁ VEM SURGINDO
E A DONA ARANHA CONTINUA A SUBIR.
ELA É TEIMOSA E DESOBEDIENTE
SOBE, SOBE, SOBE E NUNCA ESTÁ CONTENTE.

DOMÍNIO PÚBLICO.

- AGORA, CONTE QUANTAS PERNAS TEM A DONA ARANHA. ☐

- ELA TEM A MESMA QUANTIDADE DOS TENTÁCULOS DO POLVO?

☐ SIM   ☐ NÃO

LIÇÃO 13

NÚMERO 9

9
nove

- ESCREVA O NÚMERO 9 ATÉ O FINAL DA LINHA.

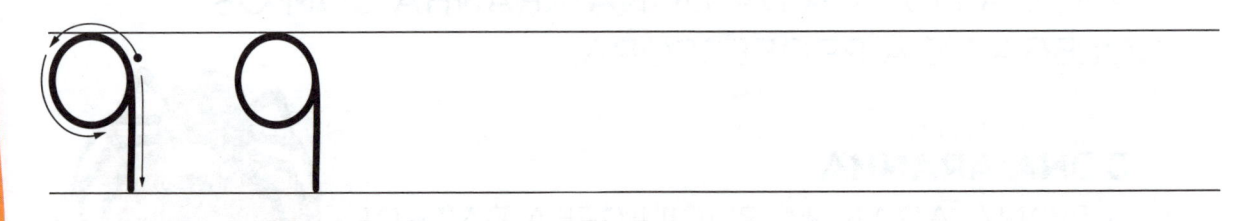

9 9

- OBSERVE O NÚMERO DA ETIQUETA E COMPLETE OS QUADROS.

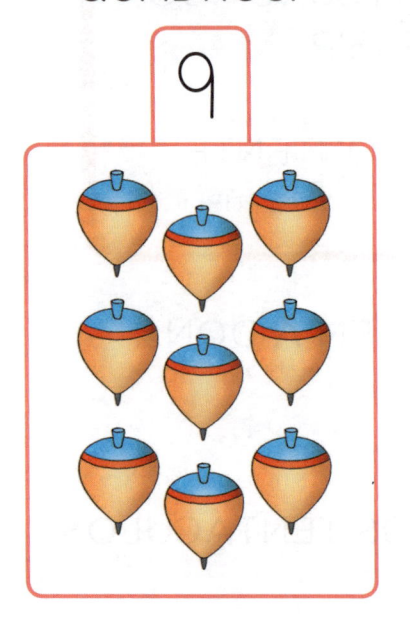

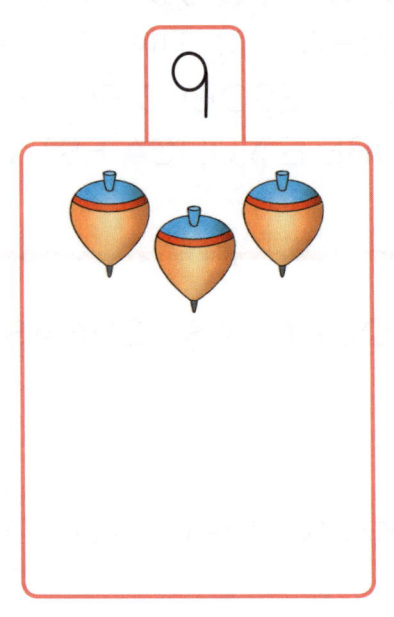

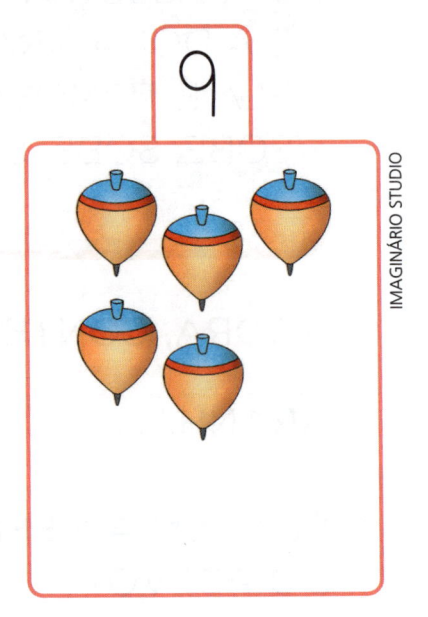

9   9   9

- **CONTE E ESCREVA O NÚMERO DE ELEMENTOS DE CADA QUADRO NA ETIQUETA.**

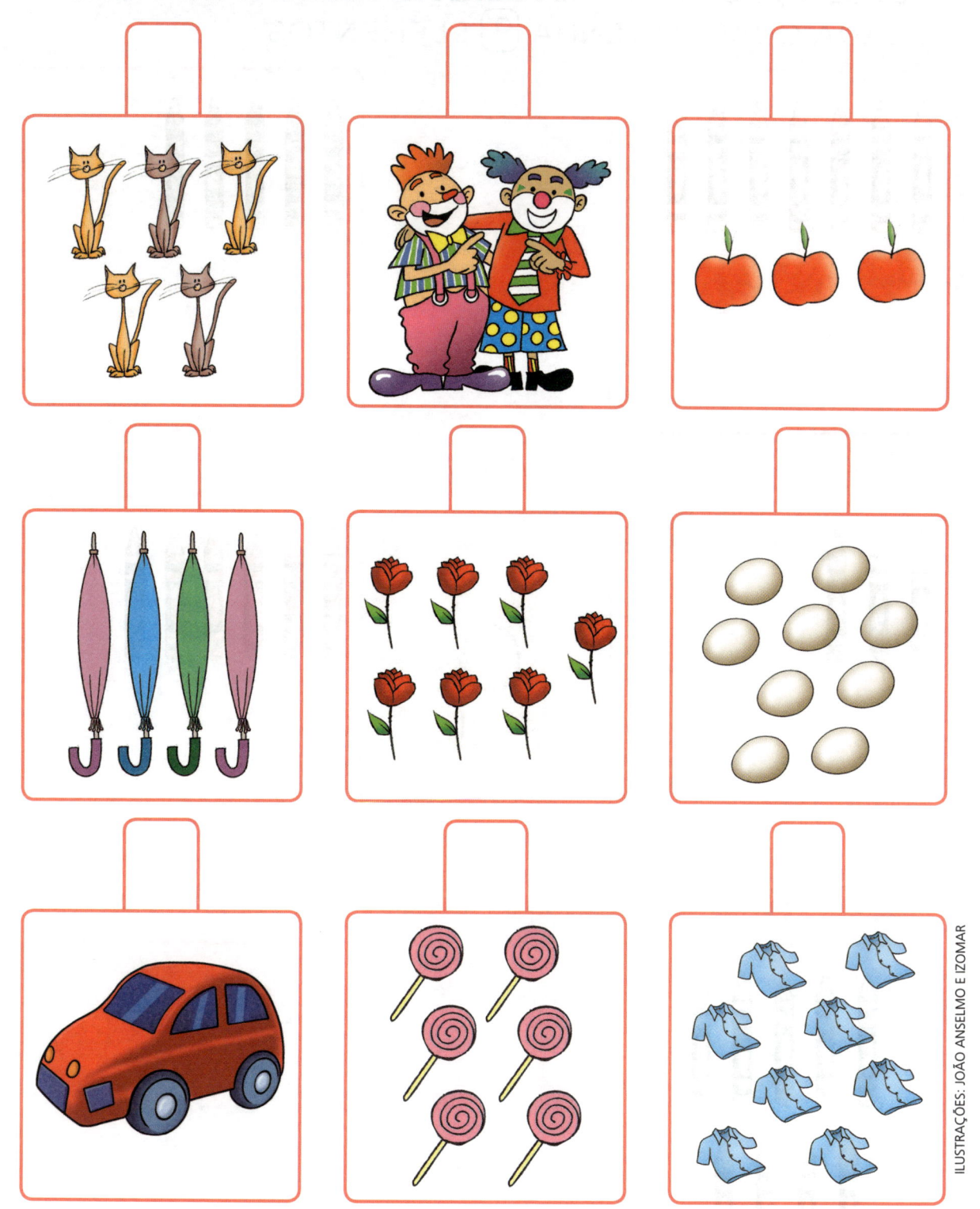

- CONTE OS ELEMENTOS DE CADA QUADRO. DEPOIS, DESENHE OS ELEMENTOS QUE FALTAM PARA QUE CADA QUADRO TENHA 9 ELEMENTOS.

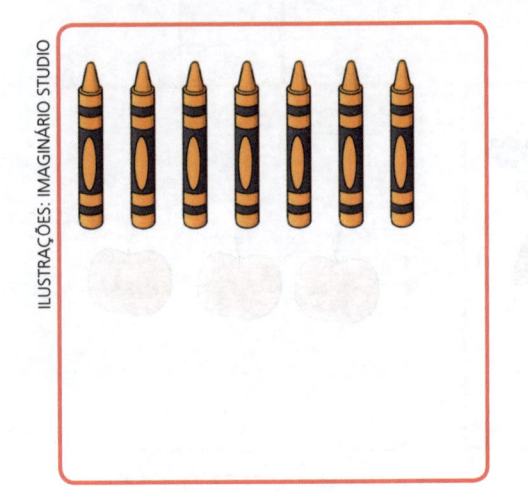

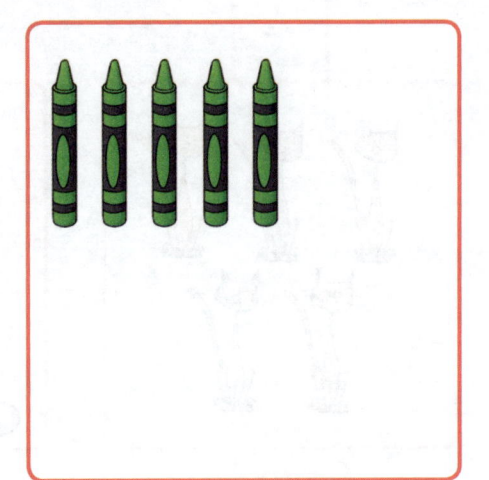

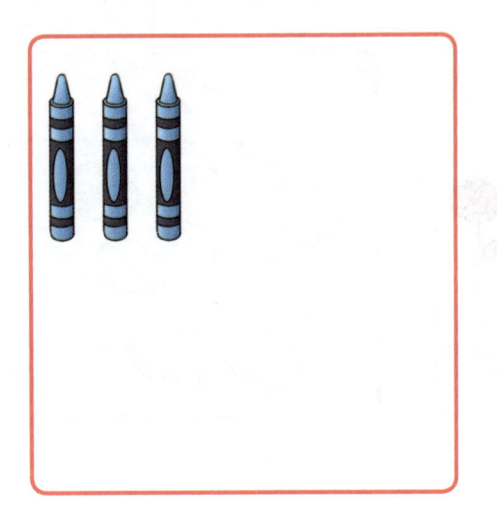

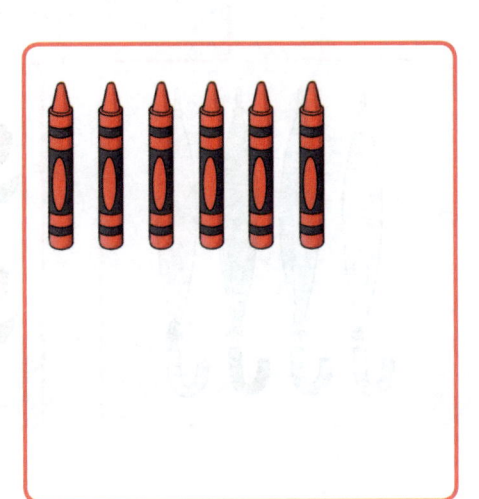

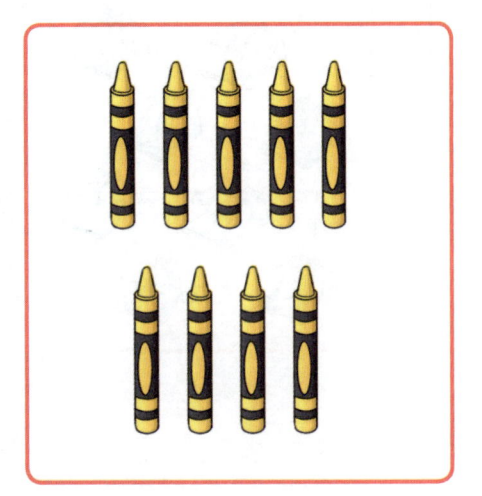

- LEIA COM OS COLEGAS E A PROFESSORA.

> ESTÁ FALTANDO BEM POUCO
> PARA AS DUAS MÃOS COMPLETAR.
> É O NOVE QUE VEM CHEGANDO,
> PARA A CONTAGEM ACABAR.
>
> DARCI MARIA BRIGNANI. ... DE A A Z, DE 1 A 10...
> SÃO PAULO: COMPANHIA EDITORA NACIONAL, 2005. P. 29.

- CONTE QUANTOS DEDOS AS MÃOS ESTÃO MOSTRANDO. DEPOIS, ESCREVA NOS QUADROS O NÚMERO QUE CORRESPONDE A CADA DEDO.

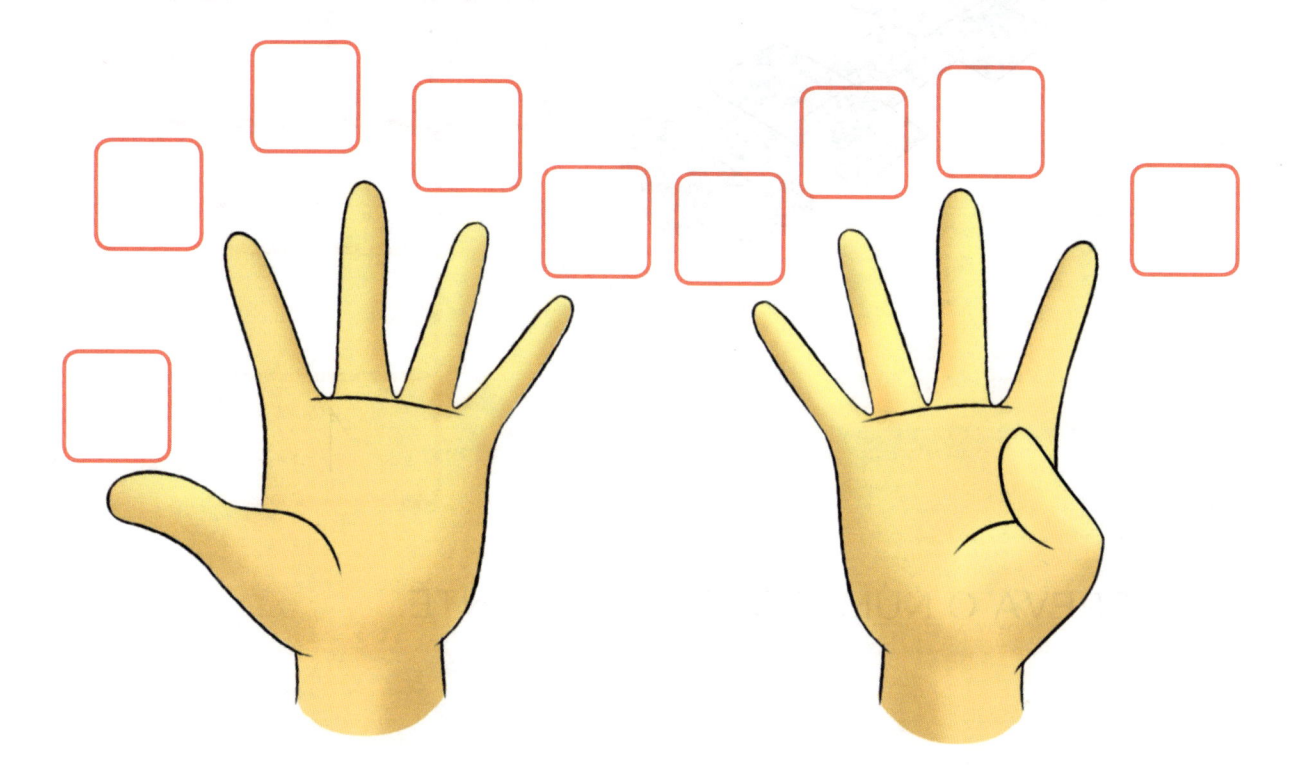

- AGORA COPIE OS NÚMEROS DE ① A ⑨.

- OBSERVE A AMARELINHA DESENHADA ABAIXO E COMPLETE COM OS NÚMEROS QUE FALTAM.

CÉU

8

6

4

1

- ESCREVA O NÚMERO 9 LIVREMENTE.

- ESCUTE E REPITA A LEITURA DA PARLENDA.

UNI DUNI TÊ
SALAMÊ MINGUÊ
UM SORVETE COLORÊ
O ESCOLHIDO FOI VOCÊ.

- PINTE COM CORES VARIADAS 9 SORVETES.

- DESENHE 9 PICOLÉS.

- CANTE A MÚSICA COM OS COLEGAS E A PROFESSORA. DEPOIS, ILUSTRE A CANÇÃO.

PEIXE VIVO

COMO PODE UM PEIXE VIVO
VIVER FORA DA ÁGUA FRIA
COMO PODEREI VIVER
COMO PODEREI VIVER
SEM A TUA, SEM A TUA
SEM A TUA COMPANHIA?

DOMÍNIO PÚBLICO.

- OBSERVE O FUNDO DO MAR E CONTE CADA ANIMAL QUE PODEMOS ENCONTRAR.

- ESCREVA NAS ETIQUETAS A QUANTIDADE DE CADA ANIMAL QUE VOCÊ ENCONTROU.

- PINTE O CAMINHO QUE A MENINA DEVE FAZER PARA CHEGAR ATÉ SEUS AMIGOS. ELA DEVE PASSAR PELOS NÚMEROS DE ① A ⑨.

5	6	4	7	9
1	2	3	5	6
1	8	4	2	3
7	3	5	6	8
6	4	2	7	1
5	7	3	8	9

- COMPLETE CADA LINHA COM OS NÚMEROS DE ① A ⑨ QUE ESTÃO FALTANDO.

1		3			6	7		9

	2		4				8	

81

LIÇÃO 14

PREPARANDO PARA A ADIÇÃO

- DESENHE UM PEIXINHO A MAIS EM CADA AQUÁRIO. DEPOIS, CONTE E ESCREVA NAS ETIQUETAS COM QUANTOS PEIXINHOS CADA AQUÁRIO FICOU.

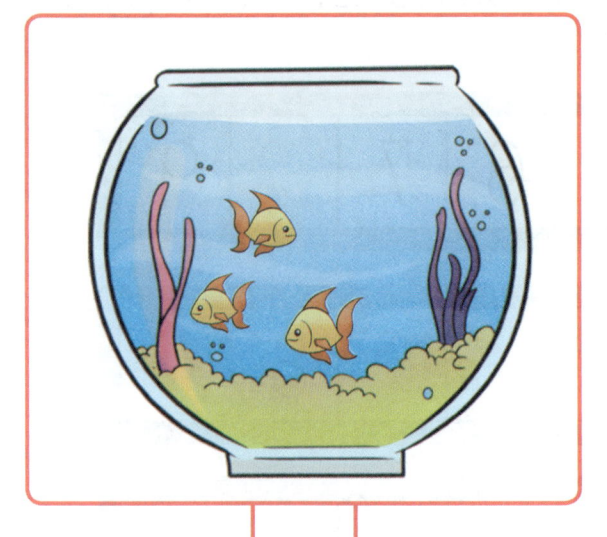

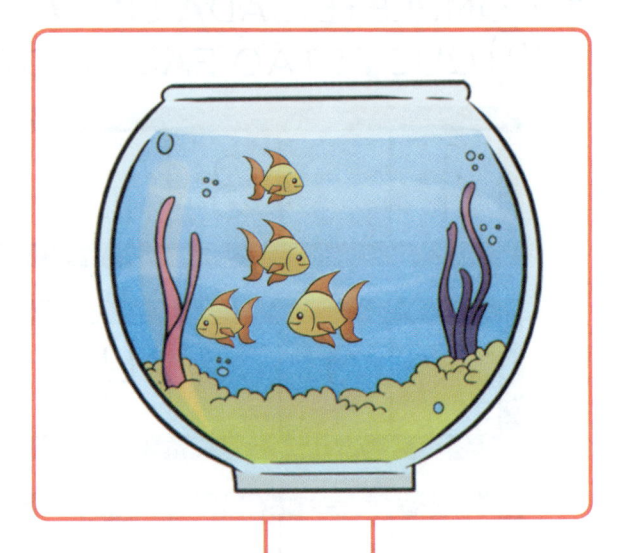

- DESENHE NOS QUADROS A QUANTIDADE CERTA DE ANIMAIS. DEPOIS, ESCREVA NAS ETIQUETAS O NÚMERO CORRESPONDENTE.

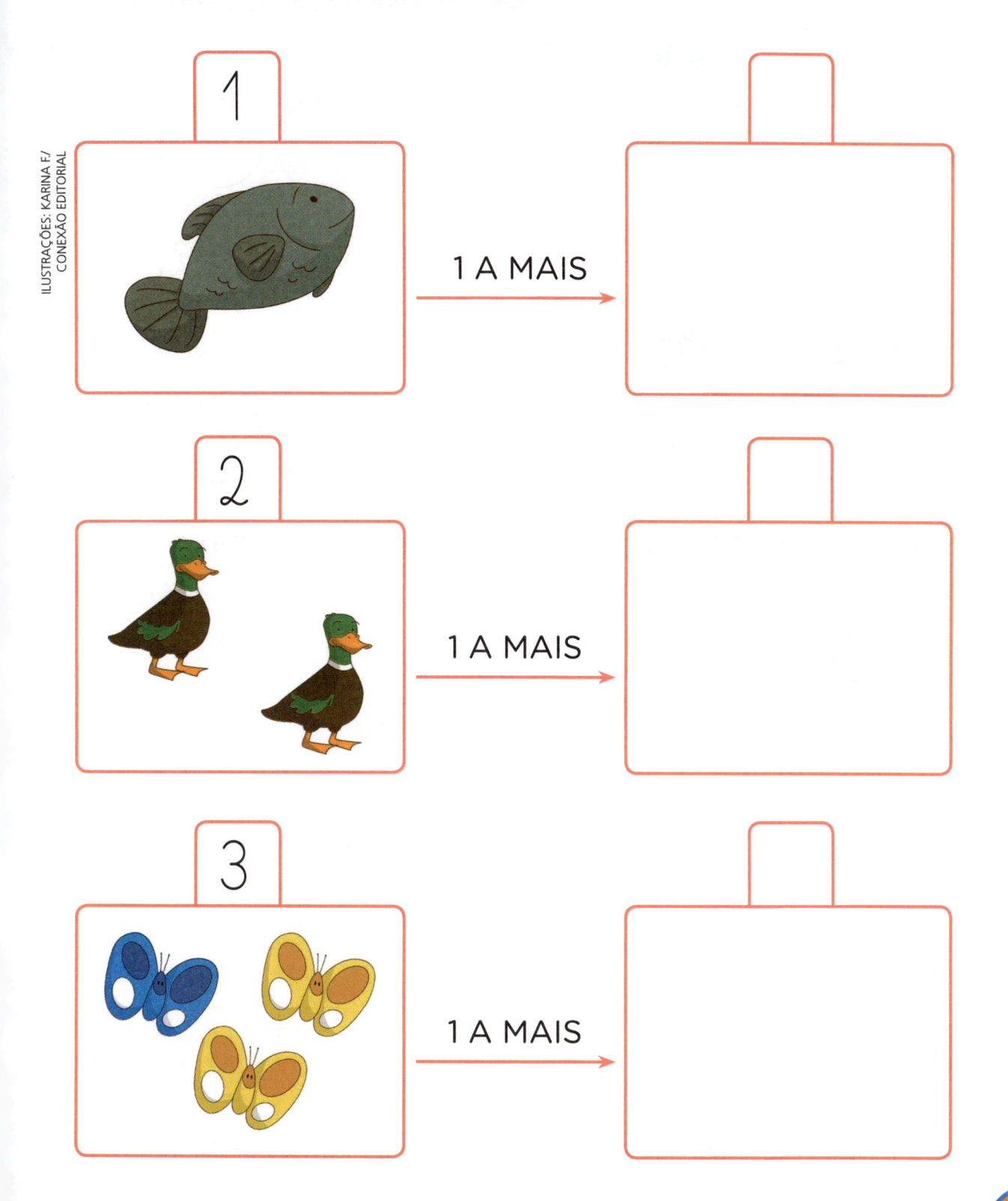

1

1 A MAIS →

2

1 A MAIS →

3

1 A MAIS →

- PINTE OS CÍRCULOS A SEGUIR DE ACORDO COM A INDICAÇÃO. DEPOIS, RESPONDA ÀS PERGUNTAS, ESCREVENDO O NÚMERO NOS QUADROS.

3 ● 2 ●

○ ○ ○ ○ ○ ○ ○ ○ ○

- QUANTOS CÍRCULOS VOCÊ PINTOU NO TOTAL? ☐

5 ● 1 ●

○ ○ ○ ○ ○ ○ ○ ○ ○

- QUANTOS CÍRCULOS VOCÊ PINTOU NO TOTAL? ☐

4 ● 4 ●

○ ○ ○ ○ ○ ○ ○ ○ ○

- QUANTOS CÍRCULOS VOCÊ PINTOU NO TOTAL? ☐

3 ● 6 ●

○ ○ ○ ○ ○ ○ ○ ○ ○

- QUANTOS CÍRCULOS VOCÊ PINTOU NO TOTAL? ☐

- **CANTE COM OS COLEGAS E A PROFESSORA.**

> **VAMOS CANTAR?**
>
> **CAI, CAI, BALÃO**
>
> CAI, CAI, BALÃO
> CAI, CAI, BALÃO
> CAI AQUI NA MINHA MÃO
> NÃO CAI NÃO, NÃO CAI NÃO, NÃO CAI NÃO
> CAI NA RUA DO SABÃO.
>
> CAI CAI BALÃO
> CAI CAI BALÃO
> CAI NA RUA DO SABÃO
> NÃO VOU LÁ, NÃO VOU LÁ, NÃO VOU LÁ
> TENHO MEDO DE ME QUEIMAR.
>
> DOMÍNIO PÚBLICO.

- **CONTINUE DESENHANDO BALÕES NOS CORDÕES DE ACORDO COM O NÚMERO INDICADO.**

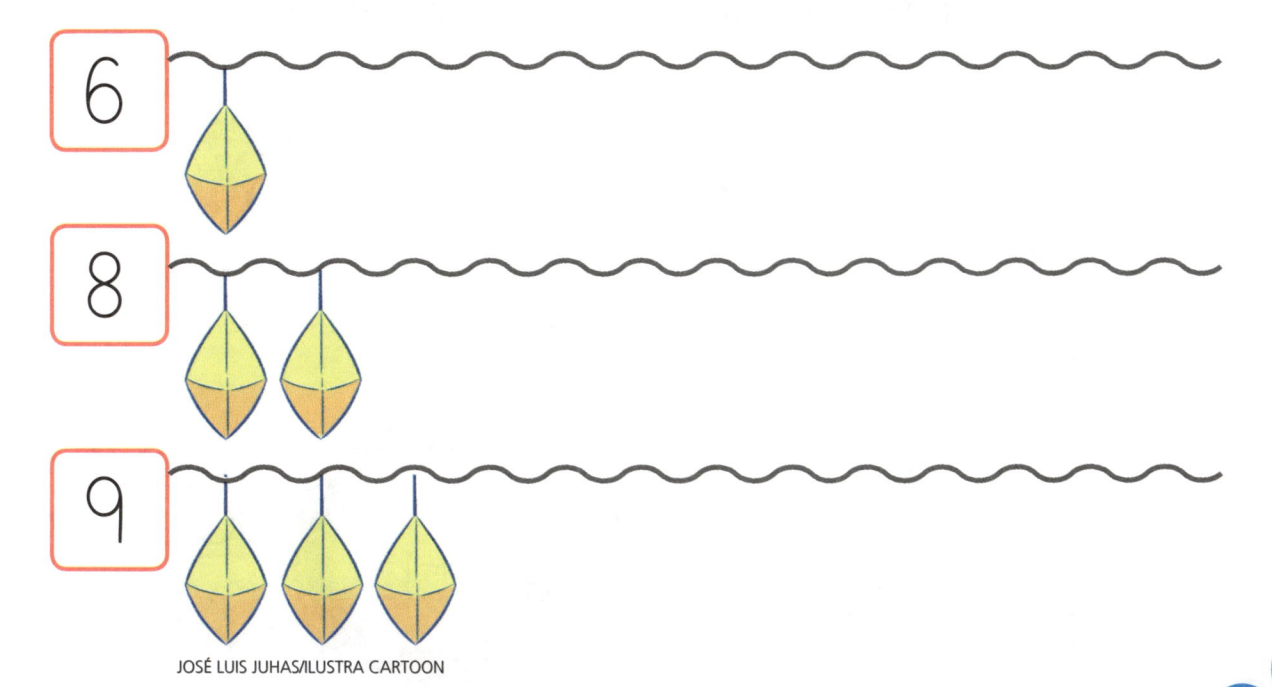

6

8

9

JOSÉ LUIS JUHAS/ILUSTRA CARTOON

- CONTE QUANTOS CHOCOLATES HÁ EM CADA CAIXA.
- DEPOIS, DESENHE UM CHOCOLATE A MAIS EM CADA UMA.
- CONTE NOVAMENTE E ESCREVA NAS ETIQUETAS COM QUANTOS CHOCOLATES CADA CAIXA FICOU.
- COMENTE COM OS COLEGAS O QUE ACONTECEU QUANDO VOCÊ DESENHOU UM CHOCOLATE A MAIS EM CADA CAIXA.
- COM A AJUDA DA PROFESSORA, EFETUE A ADIÇÃO E REGISTRE O RESULTADO NA ETIQUETA. DEPOIS, PINTE A QUANTIDADE DE CEREJAS CORRESPONDENTES.

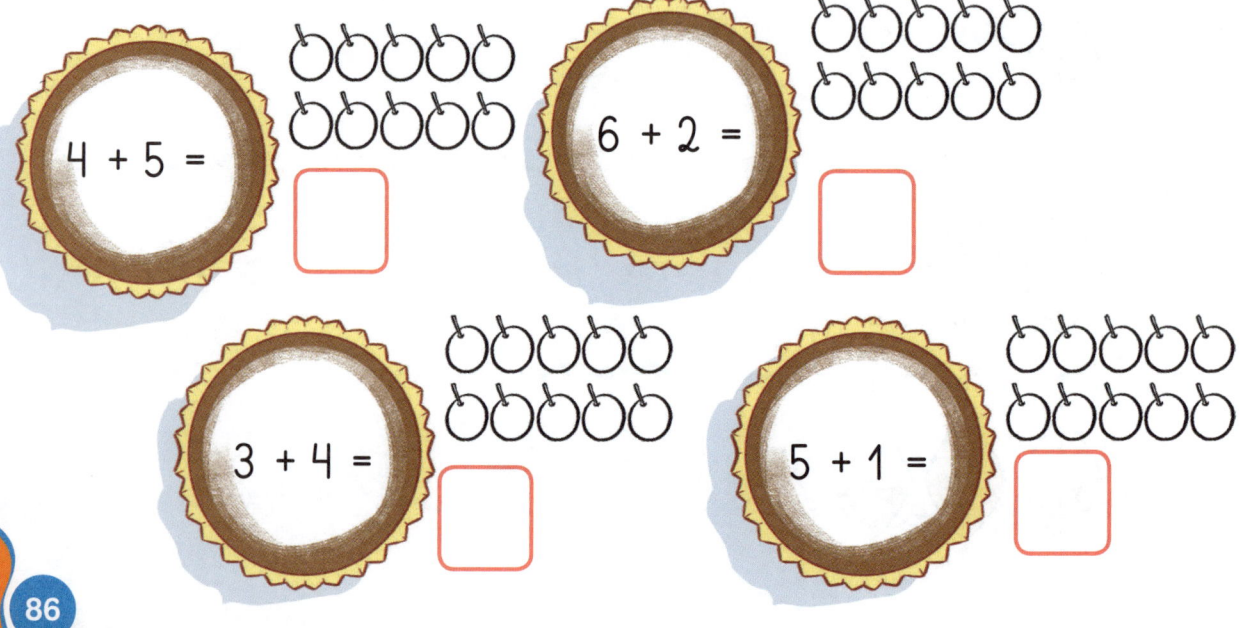

4 + 5 =

6 + 2 =

3 + 4 =

5 + 1 =

- CONTE O NÚMERO DE ELEMENTOS EM CADA QUADRO E ESCREVA O RESULTADO.

> O SINAL DE MAIS (+) INDICA A OPERAÇÃO DE ADIÇÃO.
> 3 + 2 = 5 (LÊ-SE: TRÊS MAIS DOIS É IGUAL A CINCO)

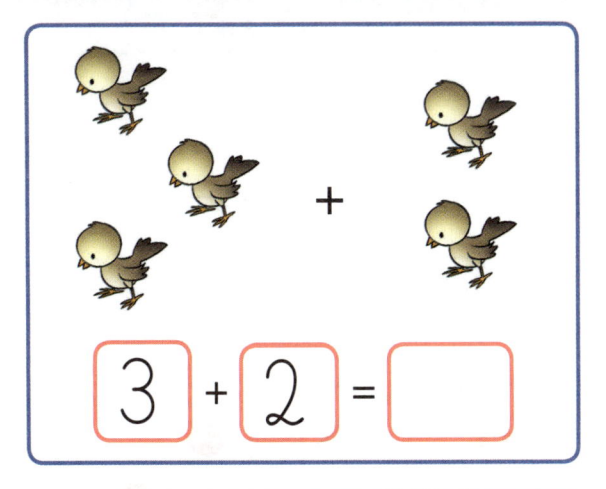

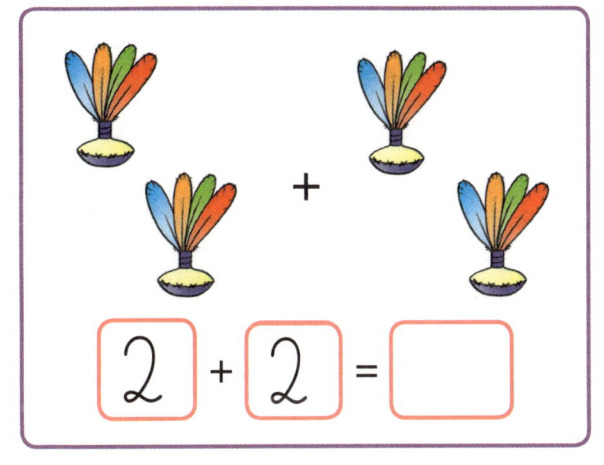

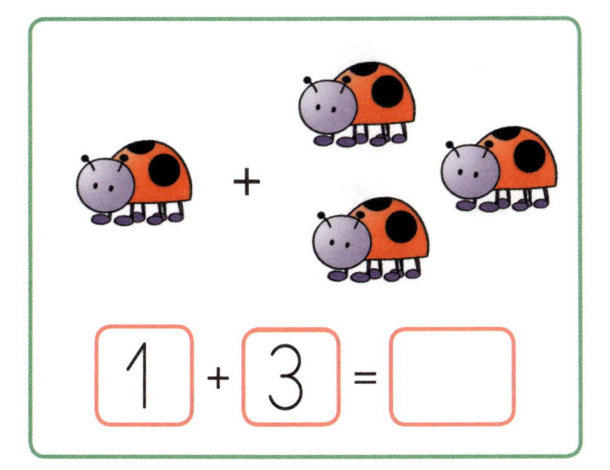

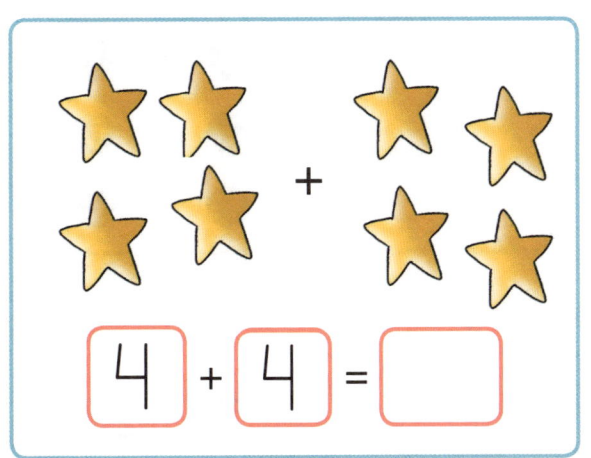

3 + 2 =

5 + 1 =

4 + 2 =

2 + 2 =

1 + 3 =

4 + 4 =

- CONTE OS PONTOS DOS DADOS E ESCREVA O RESULTADO NO QUADRO.

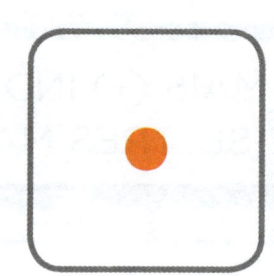

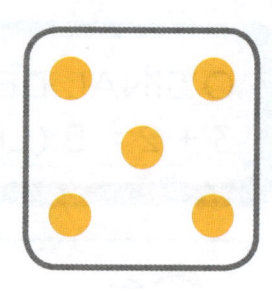

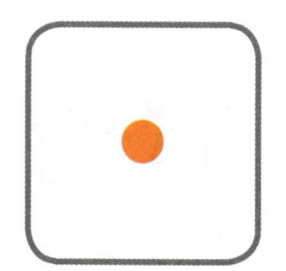

3 + 2 = ☐   ___ + ___ = ☐

___ + ___ = ☐   ___ + ___ = ☐

___ + ___ = ☐   ___ + ___ = ☐

- CONTE QUANTOS DEDOS CADA MÃO ESTÁ MOSTRANDO E ESCREVA O NÚMERO CORRESPONDENTE. DEPOIS, CONTE QUANTOS DEDOS HÁ NO TOTAL E REGISTRE O RESULTADO.

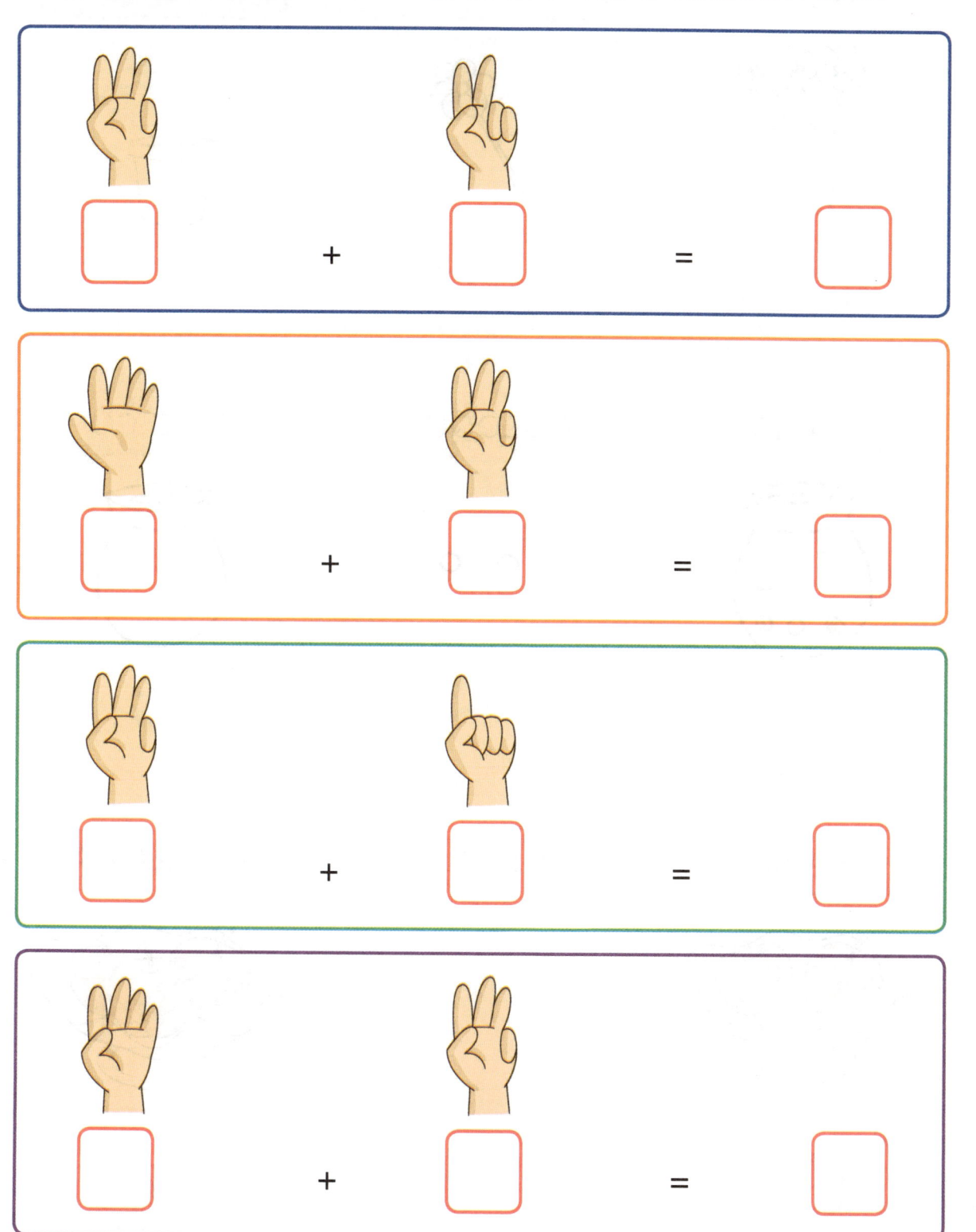

- COMPLETE OS QUADROS COM A AJUDA DA PROFESSORA.

HAVIA	PLANTEI	HÁ

HAVIA	COLOQUEI	FIQUEI COM

HAVIA	COLOQUEI	AGORA HÁ

ILUSTRAÇÕES: JOÃO ANSELMO E IZOMAR

- **ACRESCENTE 1 ELEMENTO E DESENHE OS RESULTADOS.**

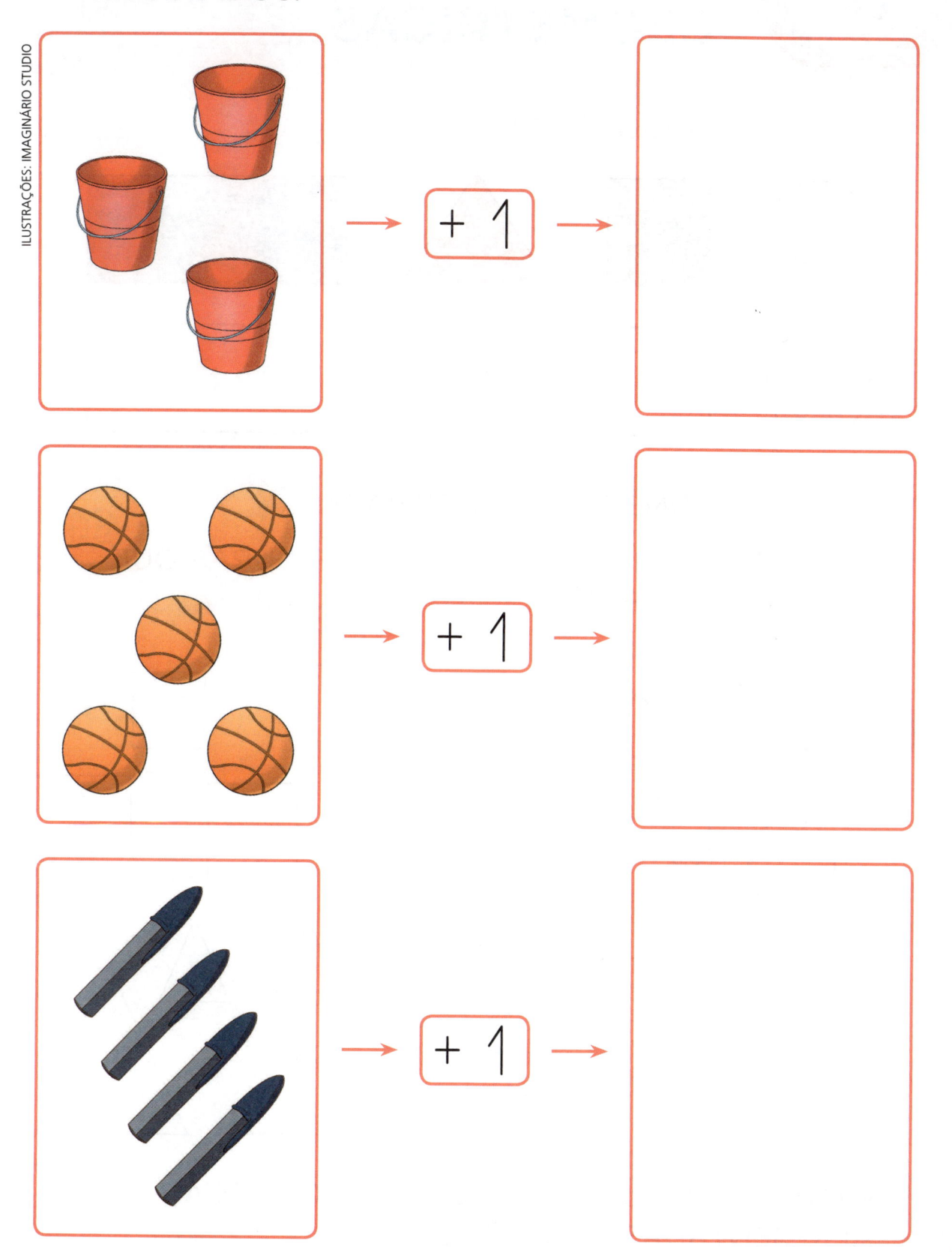

LIÇÃO 15

FORMAS GEOMÉTRICAS

- PINTE SEGUINDO O MODELO.

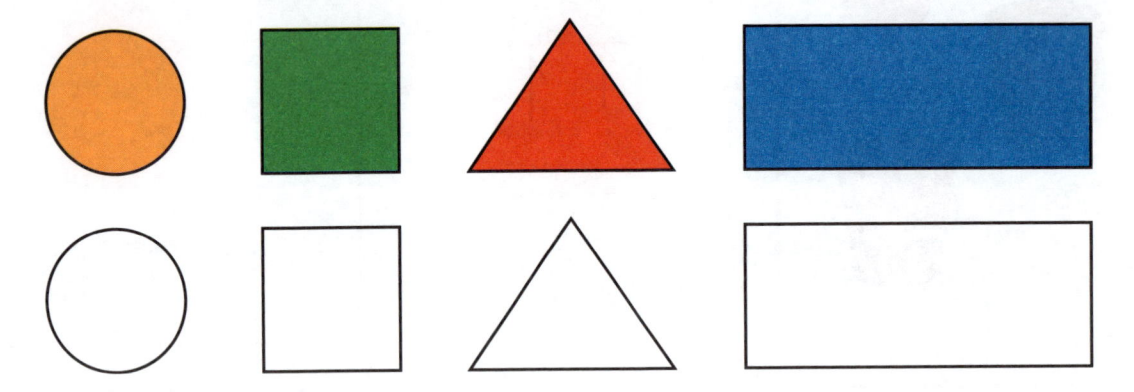

- QUAL É O NOME DESSAS FORMAS?

- TRACE UMA LINHA EM VOLTA DAS FIGURAS QUE TÊM A MESMA FORMA.

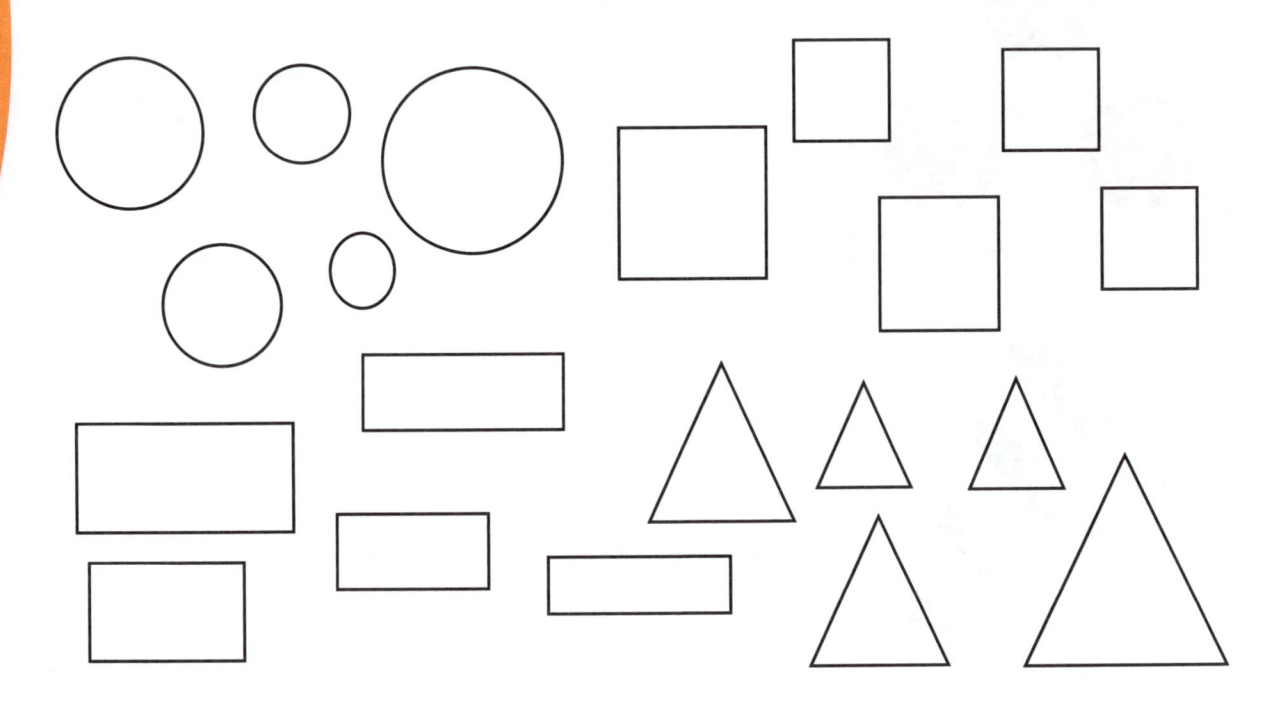

- PINTE UMA FIGURA DE CADA GRUPO COM AS CORES APRESENTADAS NO MODELO.

- PINTE AS FIGURAS DE ACORDO COM A COR INDICADA.

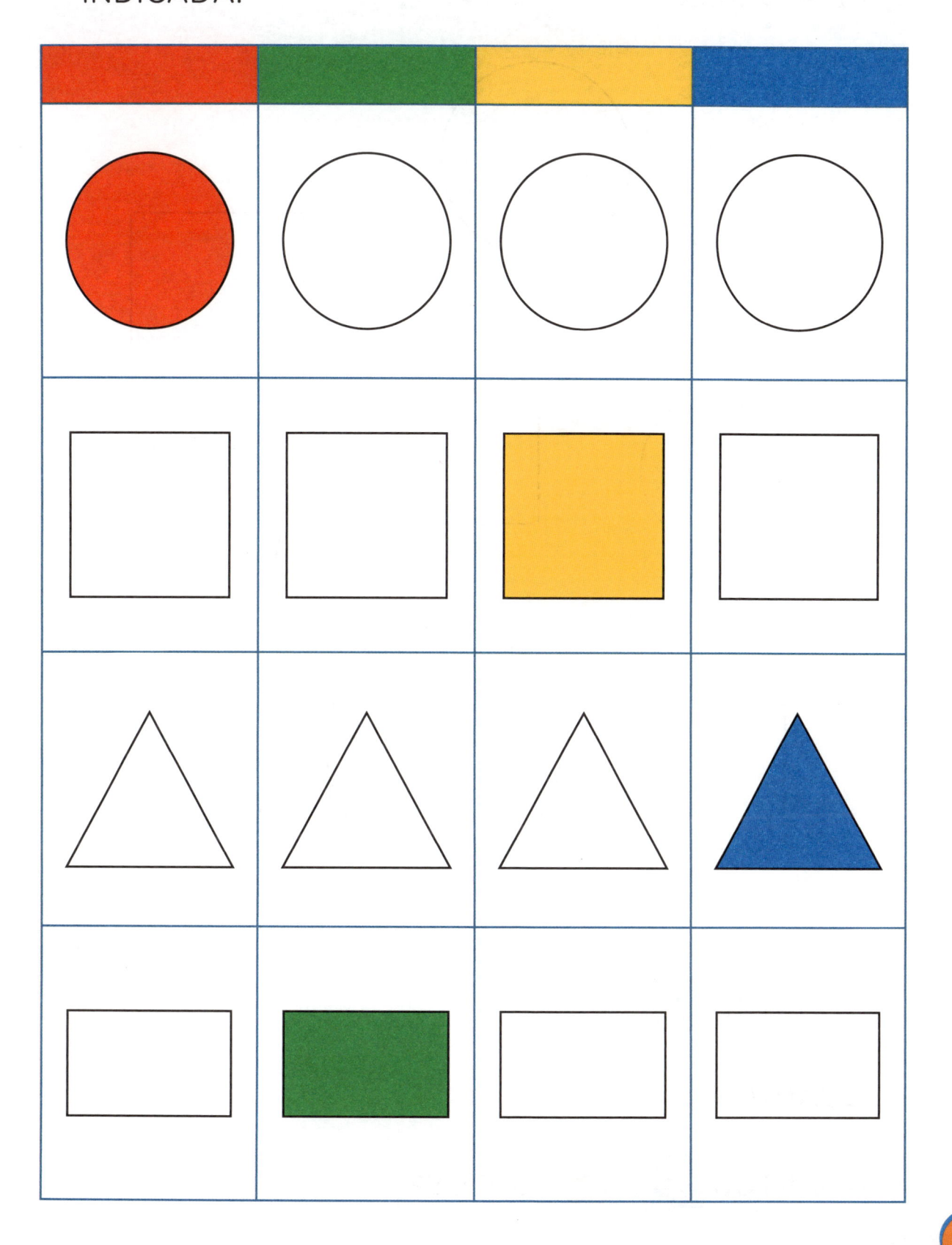

- PINTE OS QUADRADOS DE AZUL E OS CÍRCULOS DE AMARELO.

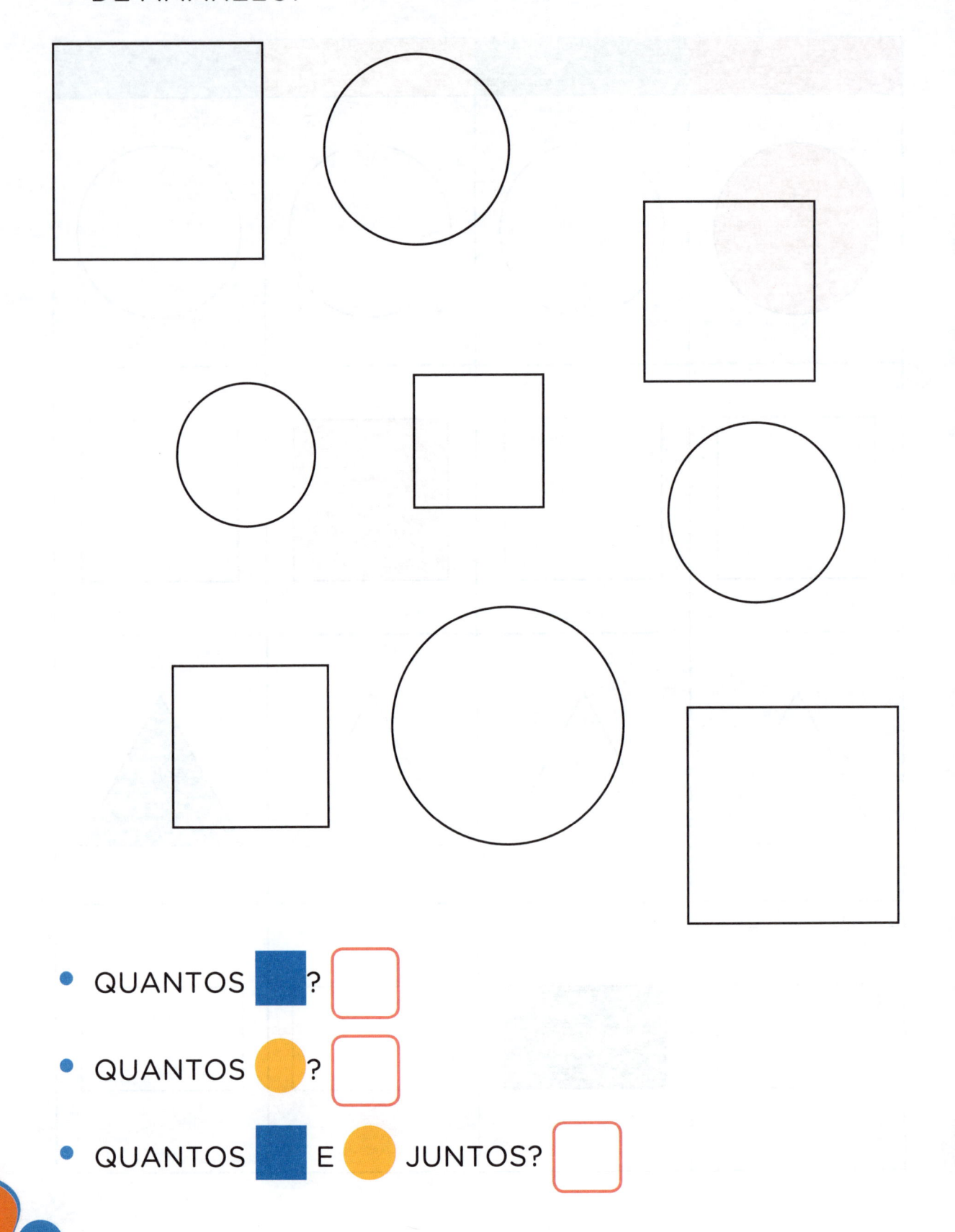

- QUANTOS ▇ ? ☐
- QUANTOS ● ? ☐
- QUANTOS ▇ E ● JUNTOS? ☐

- COLE OS ADESIVOS DAS FIGURAS GEOMÉTRICAS QUE ESTÃO NA PÁGINA 196, NO QUADRO **B** PARA QUE FIQUE IGUAL AO QUADRO **A**.

- COLE OS ADESIVOS DAS FIGURAS GEOMÉTRICAS QUE ESTÃO NA PÁGINA 197 OBEDECENDO À ORDEM DE FORMAS E CORES.

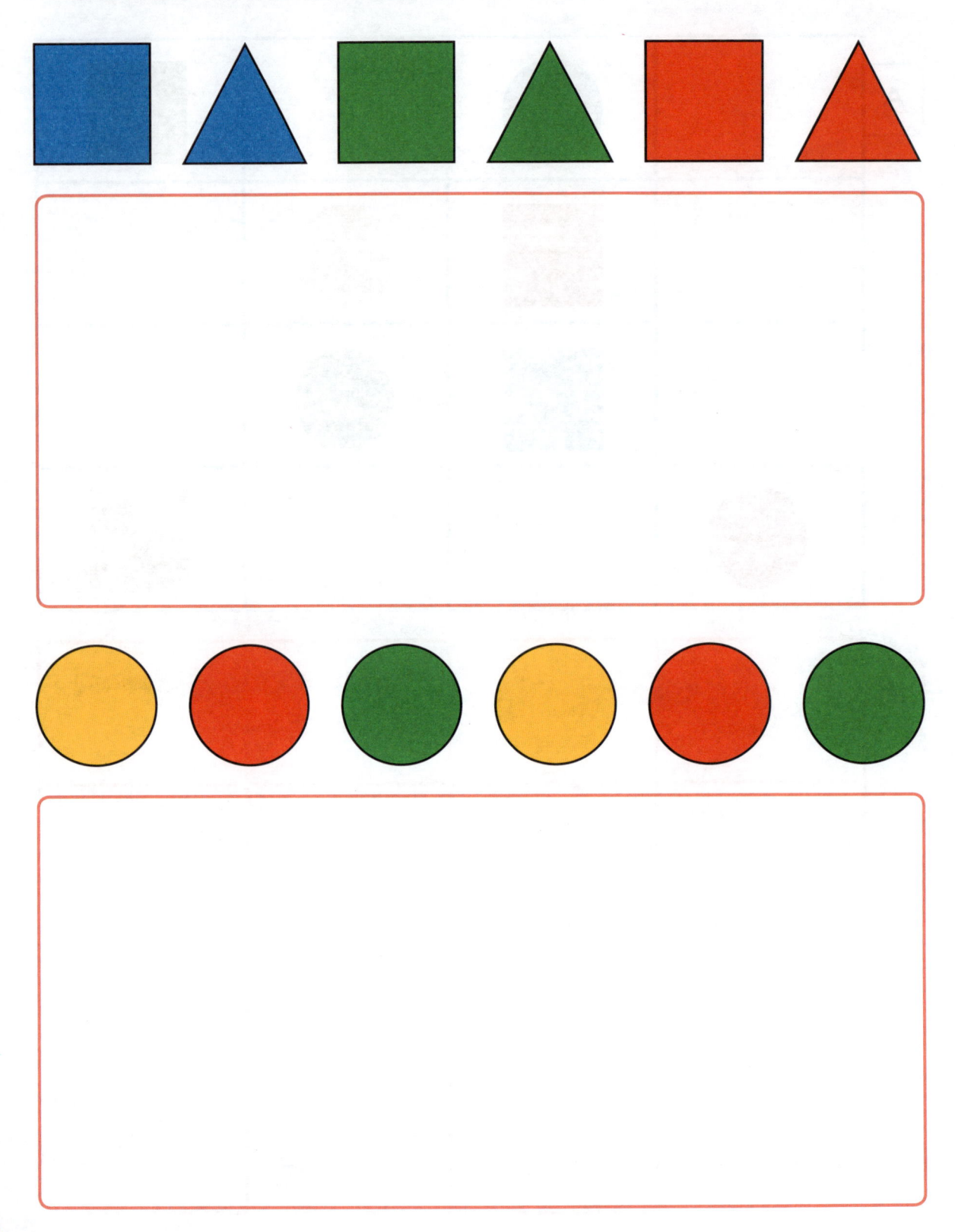

LIÇÃO 16

NÚMEROS ORDINAIS

- OBSERVE A POSIÇÃO DAS CRIANÇAS NA FILA.

| 1º | 2º | 3º | 4º | 5º | 6º | 7º | 8º | 9º |

1º — PRIMEIRO   6º — SEXTO

2º — SEGUNDO   7º — SÉTIMO

3º — TERCEIRO   8º — OITAVO

4º — QUARTO   9º — NONO

5º — QUINTO

- AGORA, FAÇA O QUE SE PEDE:

CIRCULE O **1º** DA FILA.

FAÇA UM RISCO NO **3º**.

FAÇA UM **X** NO **9º**.

- CANTE COM OS COLEGAS E A PROFESSORA.

VAMOS CANTAR?

TEREZINHA DE JESUS

TEREZINHA DE JESUS
DE UMA QUEDA FOI AO CHÃO
ACUDIRAM TRÊS CAVALHEIROS
TODOS TRÊS CHAPÉU NA MÃO.

O PRIMEIRO FOI SEU PAI
O SEGUNDO SEU IRMÃO
O TERCEIRO FOI AQUELE
QUE A TEREZA DEU A MÃO

DOMÍNIO PÚBLICO.

- DE ACORDO COM O TEXTO DA CANTIGA, NUMERE A ORDEM EM QUE OS TRÊS CAVALHEIROS ACUDIRAM TEREZINHA. LIGUE A CENA AO NÚMERO ORDINAL.

- ASSINALE O 2º, O 5º E O 7º CACHORRO, CONFORME A ORDEM DA ESQUERDA PARA A DIREITA.

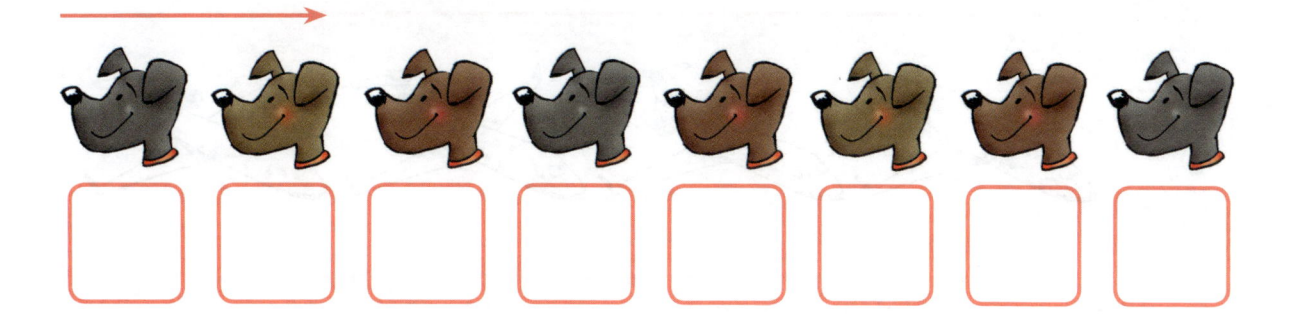

- DESENHE ALGUMAS FLORES NO 1º E NO 3º VASO, CONFORME A ORDEM DA ESQUERDA PARA A DIREITA.

- AGORA, RESPONDA: QUAL É O VASO QUE FICA ENTRE O 1º E O 3º?

  2º ☐   4º ☐

- RISQUE O DESENHO QUE ESTÁ NA POSIÇÃO INDICADA NA ETIQUETA.

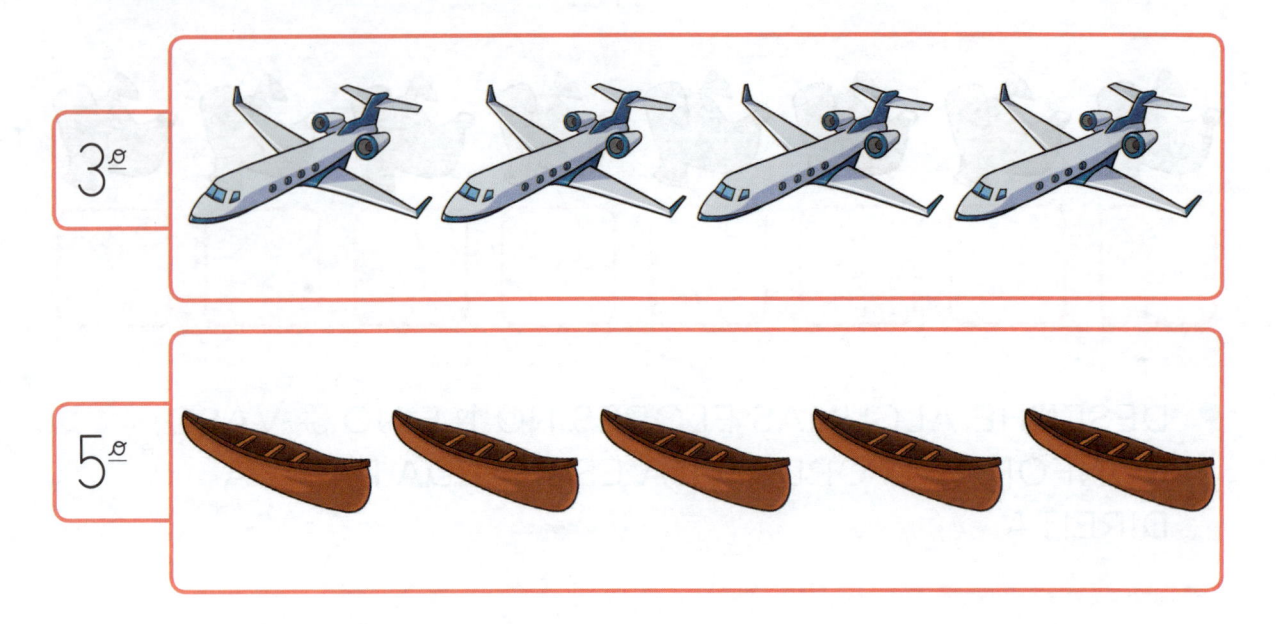

3º

5º

- ESCREVA EM NÚMERO ORDINAL A POSIÇÃO EM QUE A FIGURA SE ENCONTRA NA SEQUÊNCIA ABAIXO.

JOSÉ LUIS JUHAS/
ILUSTRA CARTOON

– O HELICÓPTERO É O 6º.

– O _____ É O BARCO.

– O _____ É O FOGUETE.

– O NAVIO É O _____.

– O CARRO É O _____.

– O _____ É O AVIÃO.

– O ÔNIBUS É O _____.

- ESCREVA NAS CASINHAS OS NÚMEROS ORDINAIS QUE FALTAM.

  1º   2º   __   4º   __   6º   __   8º   __

- OBSERVE OS CARRINHOS A SEGUIR:

- CONTE DA ESQUERDA PARA A DIREITA E PINTE:

  DE AZUL, O 3º E O 5º CARRINHO;

  DE VERMELHO, O 2º E O 6º CARRINHO;

  DE AMARELO, O 4º E O 8º CARRINHO;

  DE VERDE, O 7º E O 9º CARRINHO.

- QUAL CARRINHO NÃO FOI PINTADO? ESCREVA NO QUADRO O NÚMERO ORDINAL QUE CORRESPONDE À POSIÇÃO DELE. ☐

- ASSINALE QUAL É A COR DO CARRINHO QUE SE ENCONTRA ENTRE O 2º E O 4º.

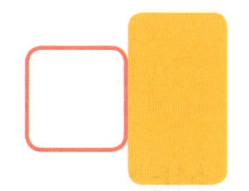

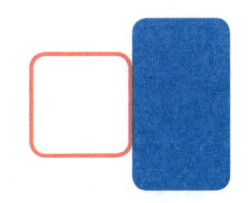

  ☐ VERDE   ☐ AMARELO   ☐ AZUL   ☐ VERMELHO

LIÇÃO 17

PREPARANDO PARA A SUBTRAÇÃO

- CONTE E ESCREVA, NAS ETIQUETAS, O NÚMERO DE ELEMENTOS DE CADA QUADRO. DEPOIS, LIGUE OS ELEMENTOS DE CADA UM DELES E RESPONDA À PERGUNTA.

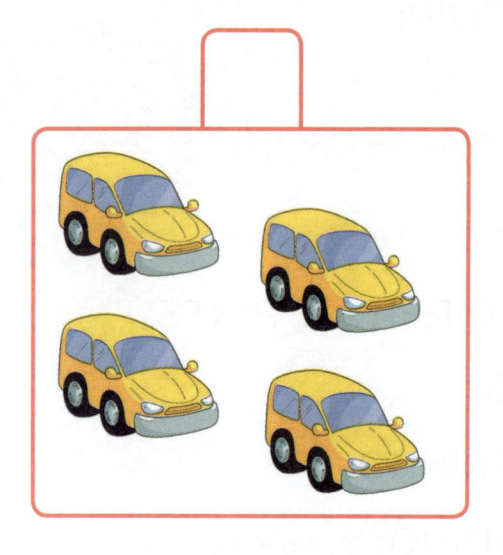

- QUANTOS CARROS HÁ A MENOS?

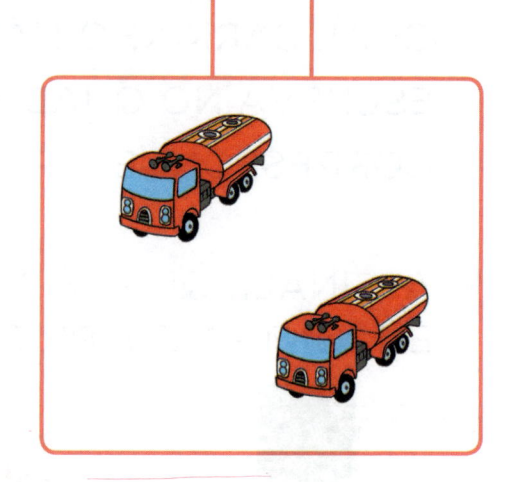

- QUANTOS CAMINHÕES HÁ A MENOS?

- OBSERVE OS PASSARINHOS NO NINHO.

QUANTOS PASSARINHOS HÁ NO NINHO?

QUANTOS PASSARINHOS VOARAM DO NINHO?

QUANTOS PASSARINHOS FICARAM NO NINHO?

- OBSERVE OS PATINHOS NA LAGOA.

QUANTOS PATINHOS HÁ NA LAGOA?

QUANTOS PATINHOS SAÍRAM DA LAGOA?

QUANTOS PATINHOS FICARAM NA LAGOA?

USAMOS O SINAL DE MENOS (-) PARA INDICAR UMA SITUAÇÃO DE RETIRAR.

- OBSERVE OS QUADROS A SEGUIR.

$5 - 2 = 3$

LÊ-SE: CINCO MENOS DOIS É IGUAL A TRÊS.

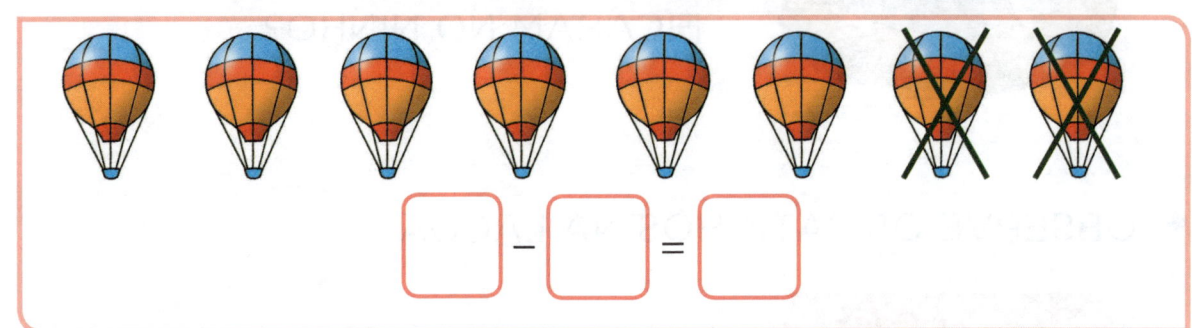

- **OBSERVE E CONTE OS ANIMAIS. DEPOIS, ESCREVA OS RESULTADOS.**

5 - 1 =

5 - 2 =

5 - 3 =

- COM A AJUDA DA PROFESSORA, RESOLVA.

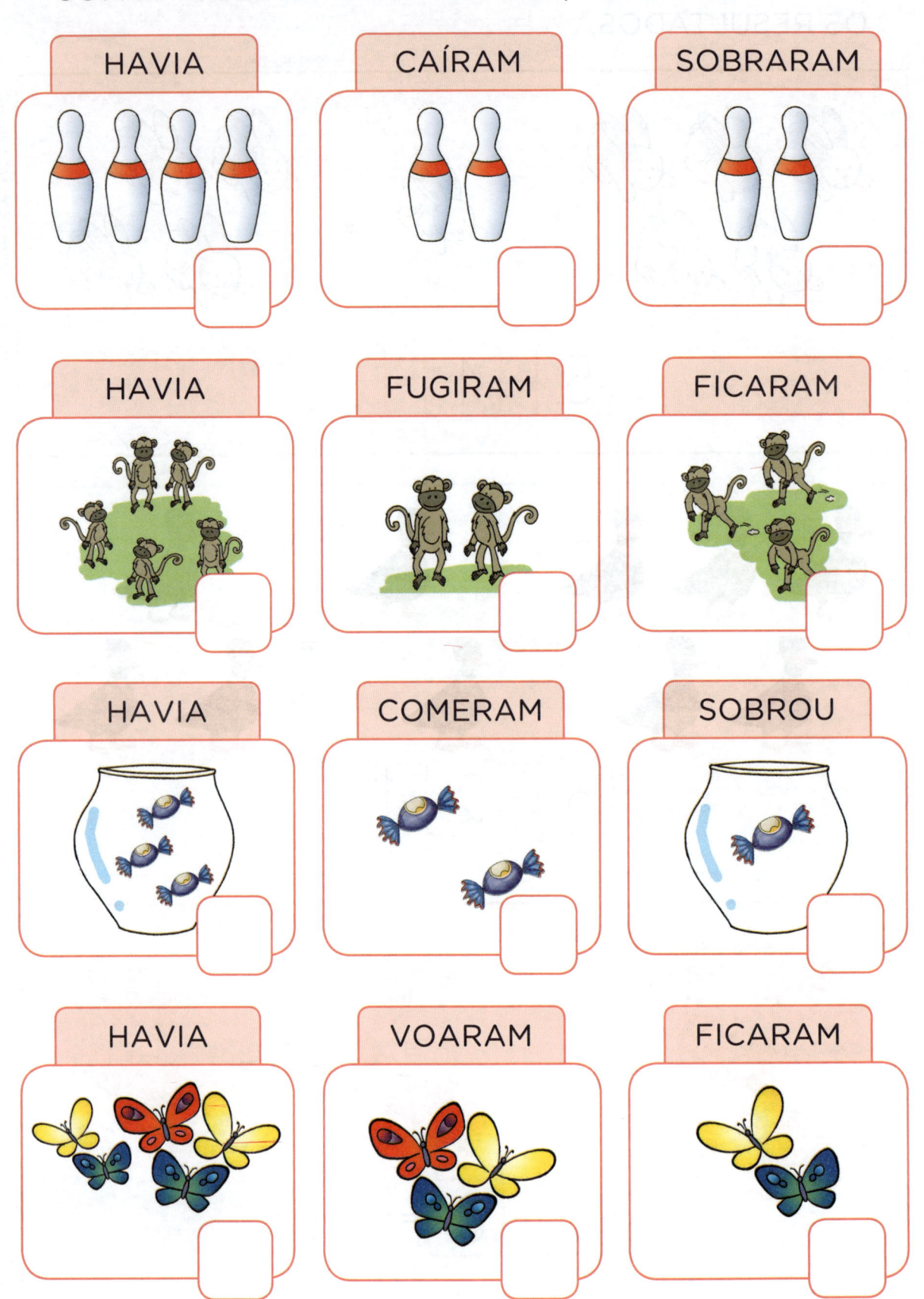

HAVIA	CAÍRAM	SOBRARAM
HAVIA	FUGIRAM	FICARAM
HAVIA	COMERAM	SOBROU
HAVIA	VOARAM	FICARAM

- AS FRUTAS DE CADA GRUPO PASSAM PELA MÁQUINA QUE RETIRA **1**. DESENHE AS FRUTAS QUE RESTARAM.

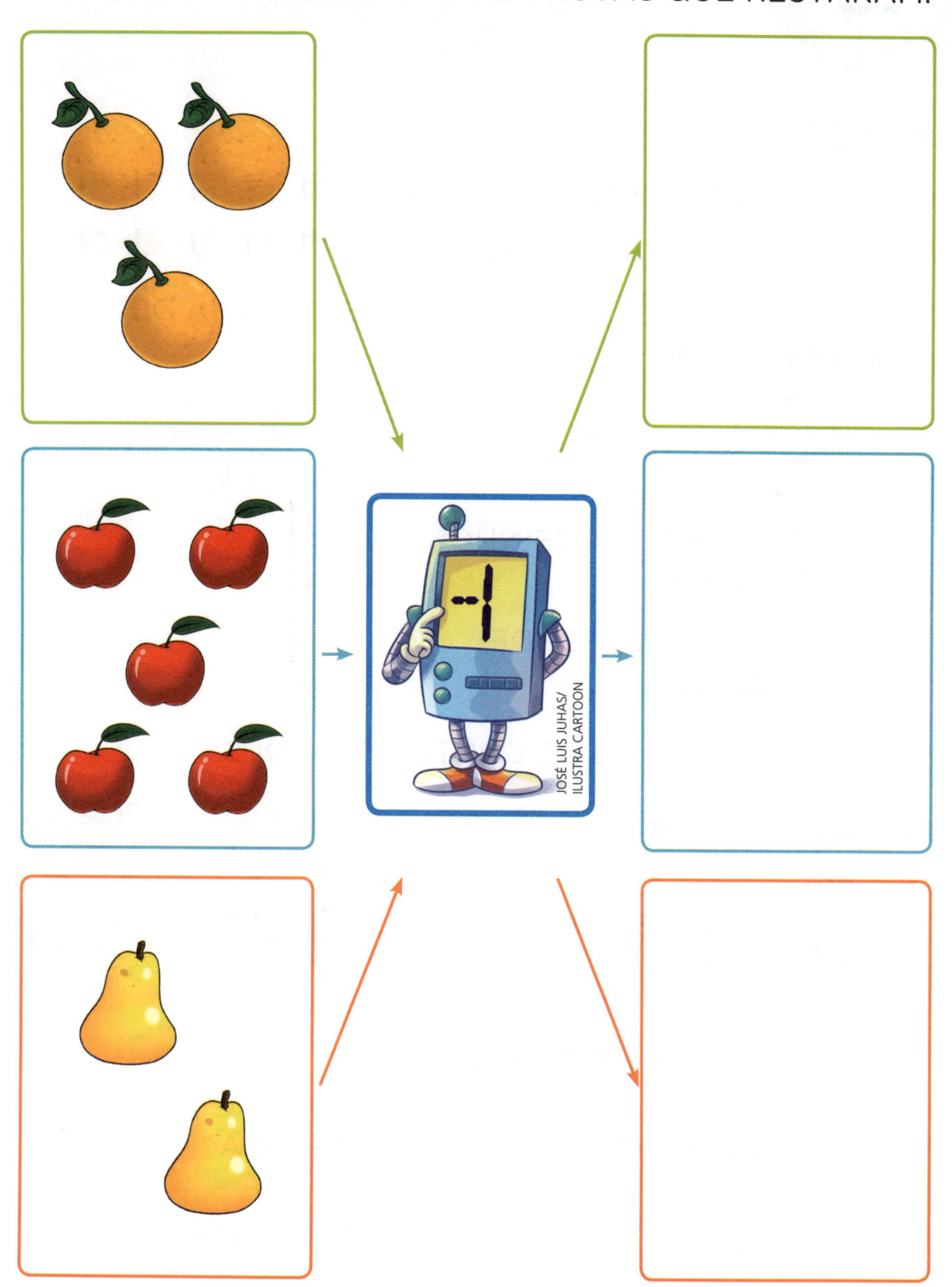

LIÇÃO 18

NÚMEROS DE 10 A 20

A DEZENA

OBSERVE OS CUBINHOS AO LADO.

- QUANTOS CUBINHOS SÃO?

- JUNTANDO DEZ CUBINHOS, VOCÊ TEM UMA DEZENA DE CUBINHOS.

$$\boxed{10} \text{ unidades} = \boxed{1} \text{ dezena}$$

- CONTE QUANTOS CUBINHOS HÁ NA BARRA.

  A BARRA CORRESPONDE A 10 UNIDADES.

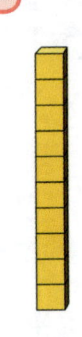

- OBSERVE AS CORES E CONTE OS AVIÕES:

- HÁ QUANTOS AVIÕES AZUIS?

- QUANTOS SÃO OS AVIÕES COR-DE-ROSA?

- HÁ QUANTOS AVIÕES NO TOTAL?

- LIGUE O NÚMERO 10 AO QUADRO QUE CONTÉM 10 ELEMENTOS.

- COMPLETE ATÉ FORMAR **UMA DEZENA** DE BANANAS. ESCREVA O NÚMERO CORRESPONDENTE NA ETIQUETA.

- CONTINUE ESCREVENDO O NÚMERO 10.

10 10

$\boxed{1}$ dezena + $\boxed{1}$ unidade = 11

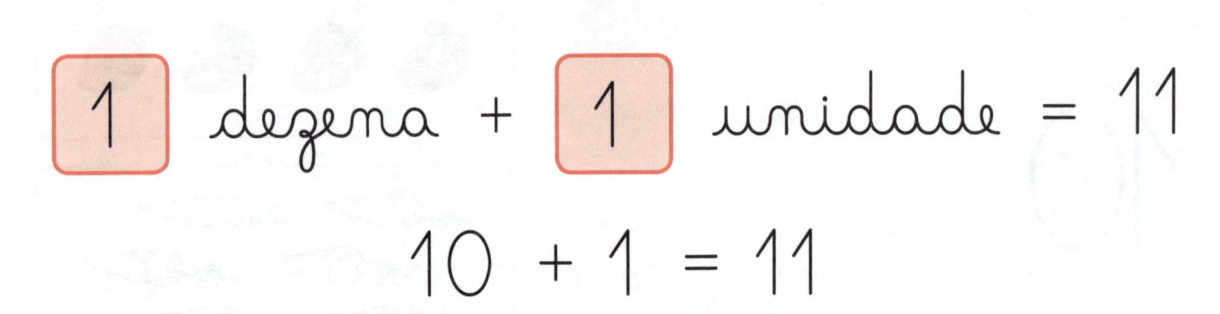

10 + 1 = 11

- OBSERVE AS CORES E CONTE OS PICOLÉS.

- QUANTOS SÃO OS PICOLÉS AMARELOS?

- QUANTOS SÃO OS PICOLÉS VERDES?

- HÁ QUANTOS PICOLÉS NO TOTAL?

- CONTINUE ESCREVENDO O NÚMERO 11.

| 11 | | | | | | | | | |
| 11 | | | | | | | | | |

- CONTINUE DESENHANDO AS BOLINHAS NA JOANINHA, ATÉ CHEGAR NA QUANTIDADE SOLICITADA.

11

- COMPLETE COM O NÚMERO CORRETO.

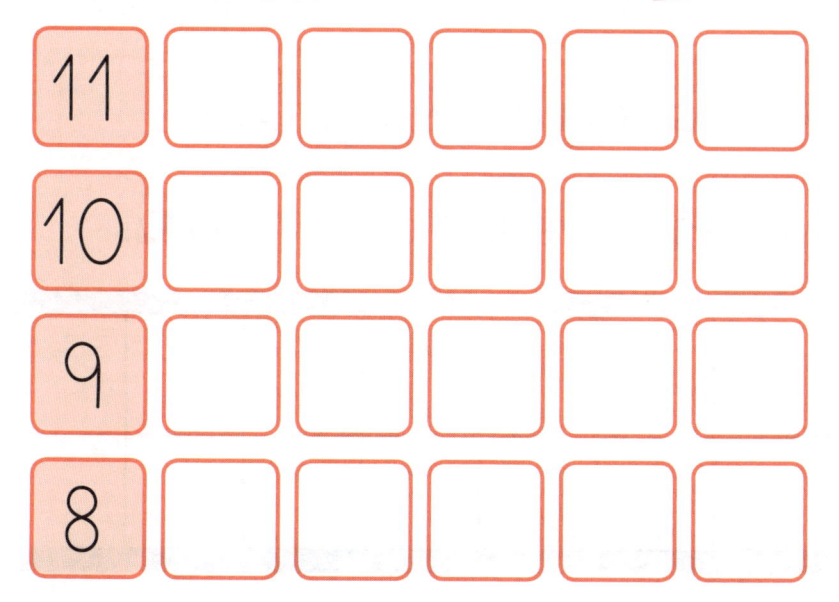

5 + ☐ = 11

- COPIE OS NÚMEROS.

11

10

9

8

$\boxed{1}$ dezena + $\boxed{2}$ unidades = 12

10 + 2 = 12

- PINTE OS COELHOS ASSIM: 1 DEZENA DE AMARELO E OS DEMAIS DE VERMELHO.

- QUANTOS SÃO OS COELHOS AMARELOS?

- QUANTOS SÃO OS COELHOS VERMELHOS?

- HÁ QUANTOS COELHOS NO TOTAL?

- CONTINUE ESCREVENDO O NÚMERO 12.

12							
12							

- COMPLETE DE MODO QUE CADA GRUPO TENHA 12 ELEMENTOS.

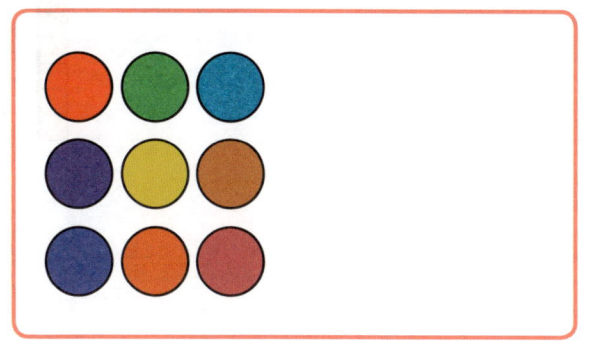

- CONTE QUANTOS ELEMENTOS HÁ EM CADA QUADRO. DEPOIS, LIGUE CADA QUADRO À QUANTIDADE CORRESPONDENTE.

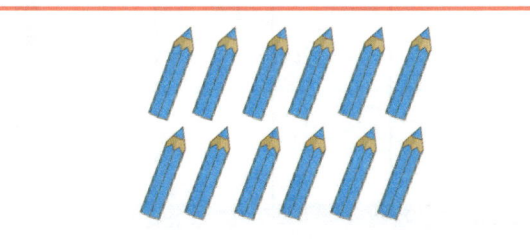

12

11

10

9

1 dezena + 3 unidades = 13

10 + 3 = 13

- PINTE OS ABACAXIS ASSIM: 1 DEZENA DE LARANJA E OS DEMAIS DE VERDE.

- QUANTOS SÃO OS ABACAXIS LARANJA?

- QUANTOS SÃO OS ABACAXIS VERDES?

- HÁ QUANTOS ABACAXIS NO TOTAL?

- CONTINUE ESCREVENDO O NÚMERO 13.

13								
13								

- OBSERVE A CENA COM ATENÇÃO.

- AGORA, NO QUADRO, MARQUE COM UM **X** A QUANTIDADE DE CADA ELEMENTO QUE APARECE NA CENA.

	1	2	3	4	5	6	7	8	9	10	11	12	13
☀													
🐦													
🌸													

- QUAL DAS FIGURAS CORRESPONDE À SEGUINTE QUANTIDADE: 1 DEZENA E 3 UNIDADES?

- ESCREVA O NÚMERO QUE VEM IMEDIATAMENTE ANTES E O NÚMERO QUE VEM IMEDIATAMENTE DEPOIS.

7   10

12

- DO GRUPO ABAIXO, PINTE APENAS 13 BORBOLETAS.

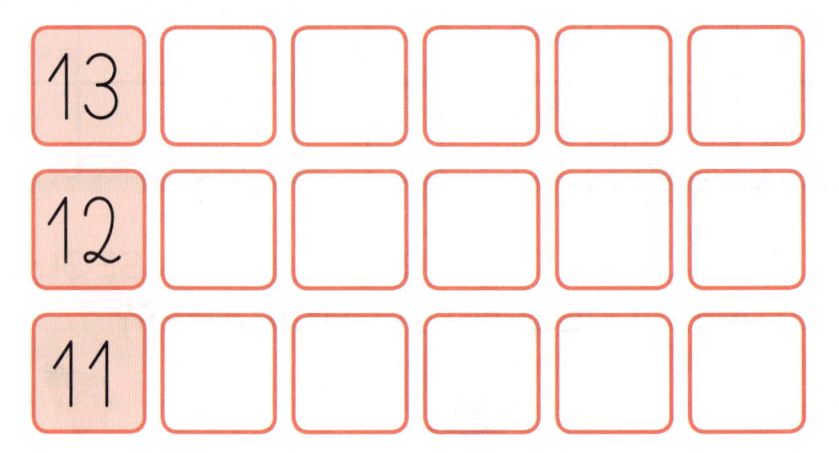

- COPIE OS NÚMEROS.

13
12
11

1 dezena + 4 unidades = 14

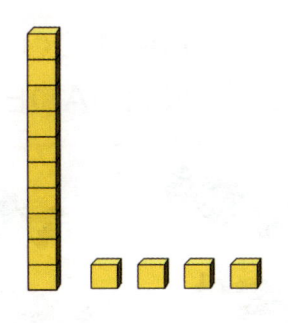

10 + 4 = 14

- PINTE AS CANECAS ASSIM: 1 DEZENA DE VERMELHO E AS DEMAIS DE AZUL.

- QUANTAS SÃO AS CANECAS VERMELHAS?

- QUANTAS SÃO AS CANECAS AZUIS?

- HÁ QUANTAS CANECAS NO TOTAL?

- CONTINUE ESCREVENDO O NÚMERO 14.

| 14 | | | | | | | | | |
| 14 | | | | | | | | | |

- CONTE E PINTE O QUADRO DO NÚMERO QUE CORRESPONDE À QUANTIDADE DE BOMBONS.

| 13 | 11 | 14 |

- OBSERVE OS NÚMEROS. ESCREVA ESSES NÚMEROS NAS CARTOLAS EM ORDEM CRESCENTE, OU SEJA, DO MENOR PARA O MAIOR.

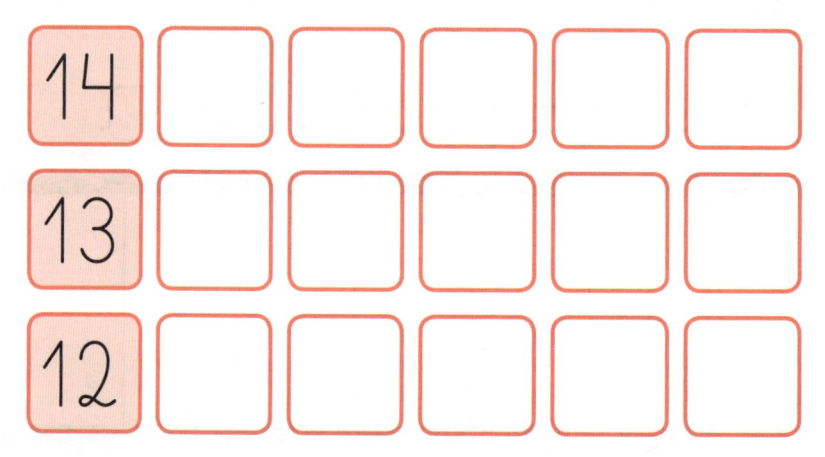

10   12   13   11   14

- COPIE OS NÚMEROS.

14
13
12

- OBSERVE O QUADRO E CONTE QUANTOS ELEMENTOS ELE TEM. DEPOIS, DESENHE MAIS ELEMENTOS ATÉ COMPLETAR 14.

- AGORA, COMPLETE COM O NÚMERO CORRETO.

$$10 + \boxed{} = 14$$

- PINTE OS QUADRADINHOS DE CADA LINHA COM A MESMA COR DO PRIMEIRO.

- CONTE E ESCREVA NO QUADRO CORRESPONDENTE O NÚMERO DE QUADRADINHOS DE CADA COR.

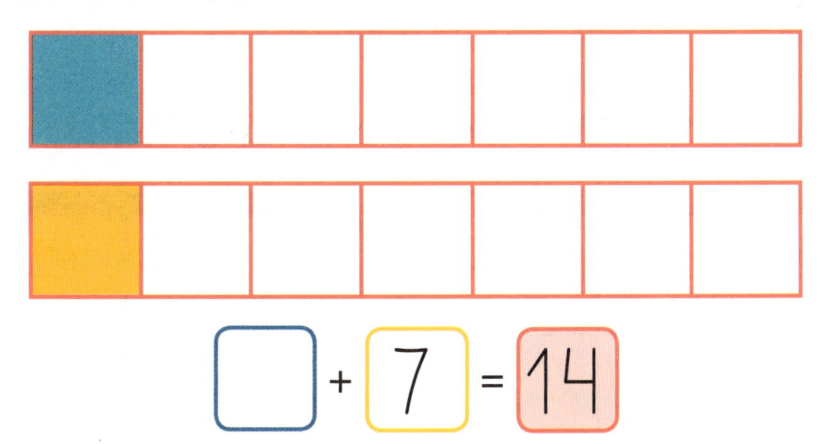

$$\boxed{} + 7 = 14$$

1 dezena + 5 unidades = 15

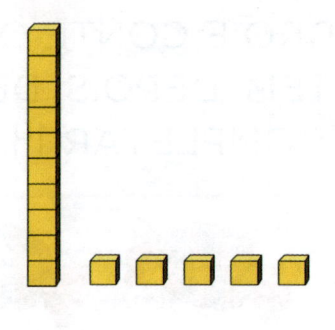

10 + 5 = 15

- PINTE OS ROBÔS ASSIM: 1 DEZENA DE AMARELO E OS DEMAIS DE LARANJA.

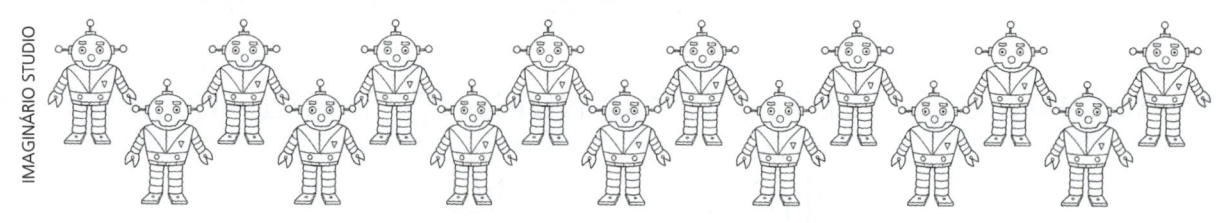

- QUANTOS SÃO OS ROBÔS AMARELOS?

- QUANTOS SÃO OS ROBÔS LARANJA?

- HÁ QUANTOS ROBÔS NO TOTAL?

- CONTINUE ESCREVENDO O NÚMERO 15.

| 15 | | | | | | | | |
| 15 | | | | | | | | |

- PINTE O CAMINHO DO NÚMERO 1 AO 15.

1	2	5	7	11	15	3	2	4
4	3	6	9	10	1	3	6	7
5	4	1	2	3	5	6	7	8
9	5	6	7	8	4	1	2	6
13	3	12	8	9	10	11	6	12
1	2	4	15	7	1	12	1	5
2	3	5	8	14	3	13	14	15

- ESCREVA O NÚMERO QUE VEM IMEDIATAMENTE **ANTES** E O NÚMERO QUE VEM IMEDIATAMENTE **DEPOIS**.

5   8

11   14

- DESENHE LARANJAS NA COPA DA ÁRVORE ATÉ COMPLETAR 15.

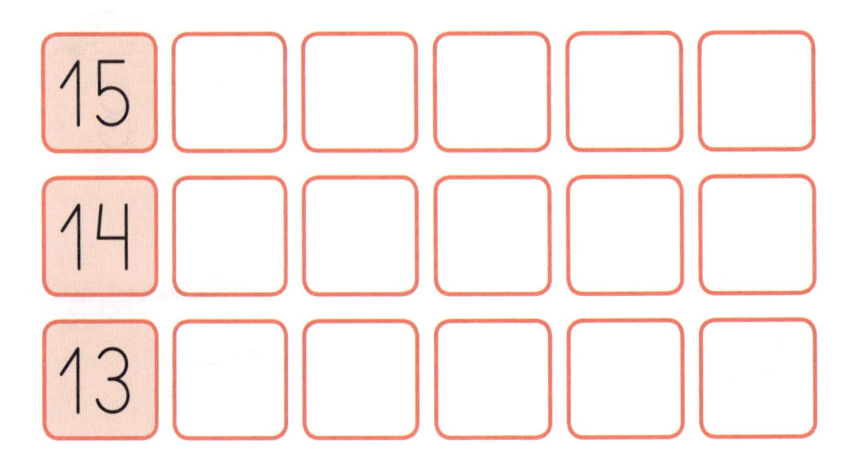

- COPIE OS NÚMEROS.

15
14
13

1 dezena + 6 unidades = 16

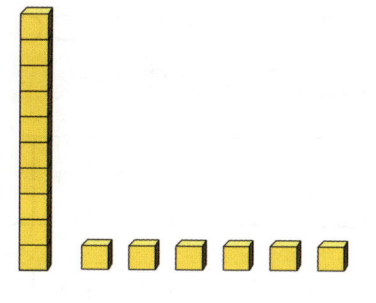

10 + 6 = 16

- PINTE OS SORVETES ASSIM: 1 DEZENA DE MARROM E OS DEMAIS DE ROSA.

- QUANTOS SÃO OS SORVETES MARRONS?

- QUANTOS SÃO OS SORVETES ROSA?

- HÁ QUANTOS SORVETES NO TOTAL?

- CONTINUE ESCREVENDO O NÚMERO 16.

| 16 | | | | | | | | |
| 16 | | | | | | | | |

- PINTE CADA BARRA DE ACORDO COM AS QUANTIDADES INDICADAS.

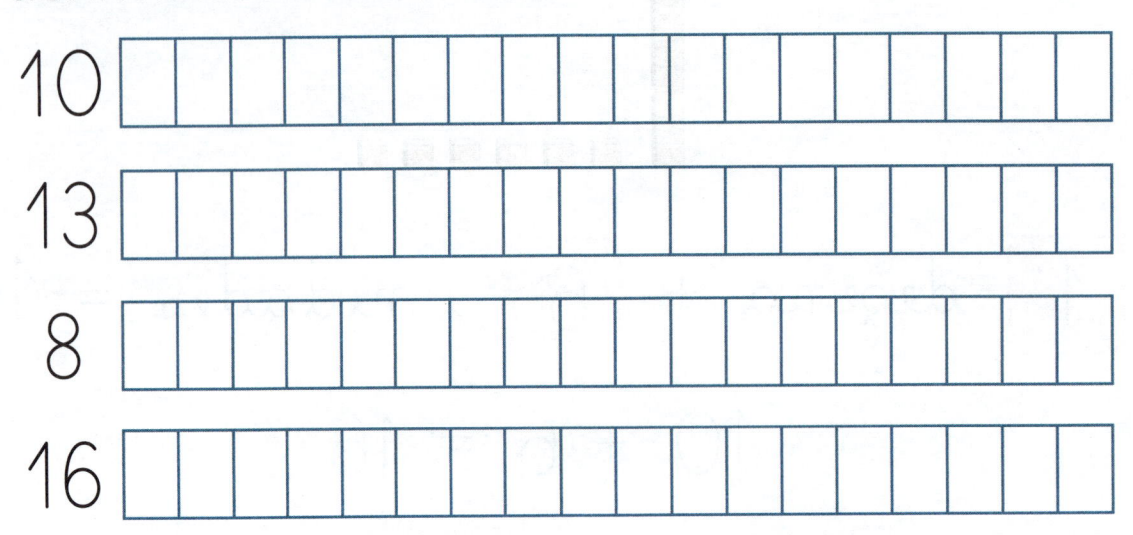

10
13
8
16

- COMPLETE ATÉ FORMAR 16 ELEMENTOS.

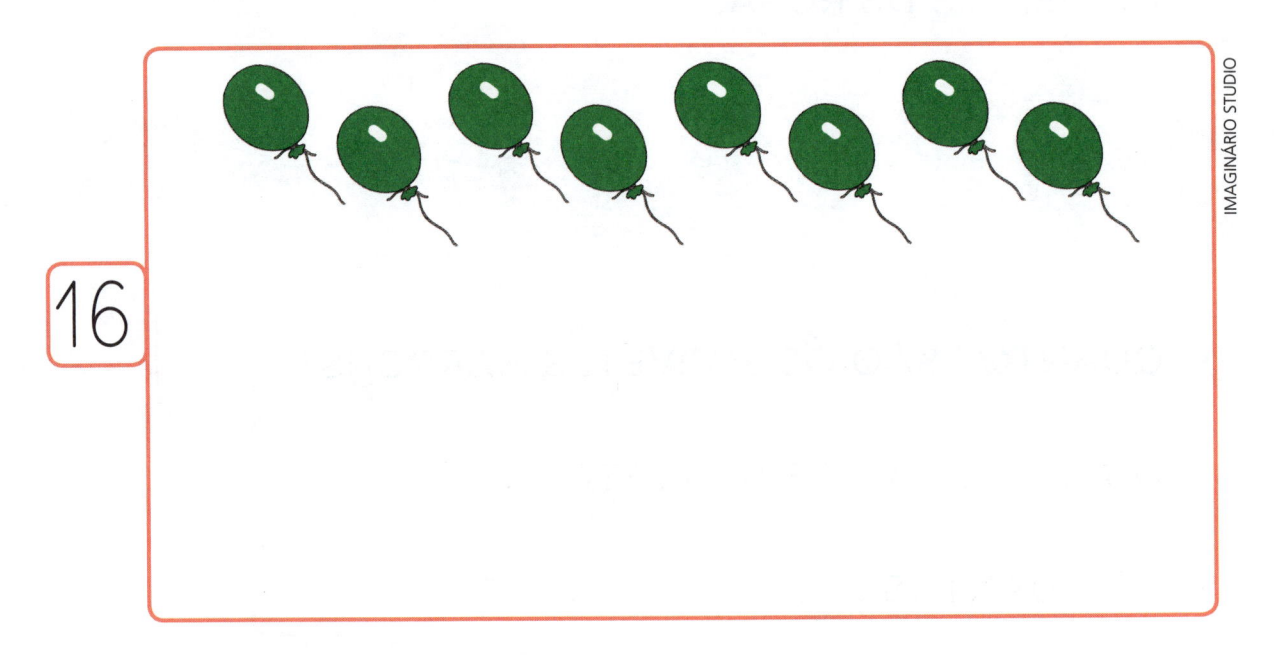

16

- ESCREVA OS NÚMEROS QUE ESTÃO FALTANDO.

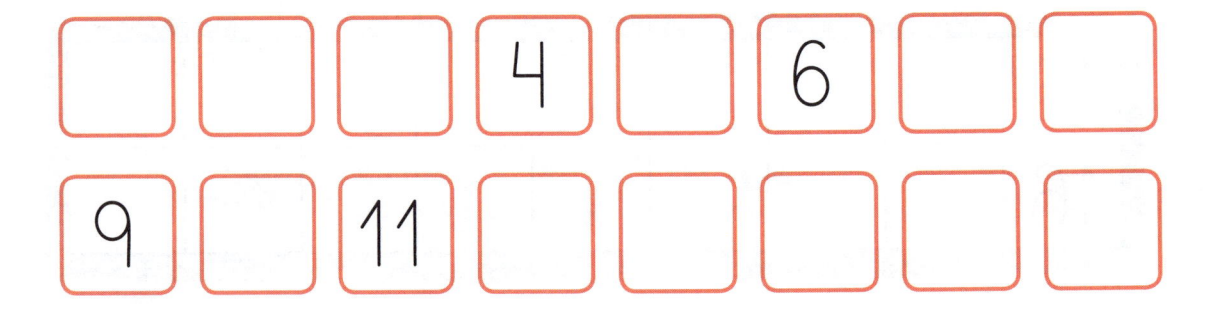

| | | | 4 | | 6 | | |

| 9 | | 11 | | | | | |

- RELACIONE A QUANTIDADE DE ELEMENTOS AO NÚMERO CORRESPONDENTE.

16

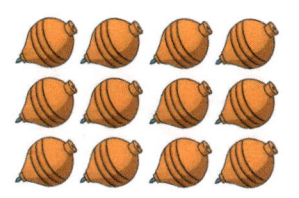

10

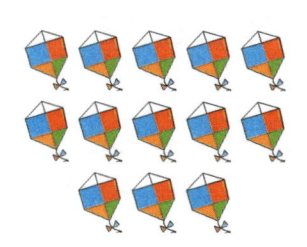

12

13

- COPIE OS NÚMEROS.

16					
15					
14					

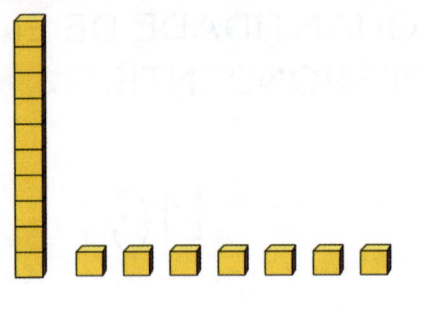

[1] dezena + [7] unidades = 17

10 + 7 = 17

- PINTE AS TAÇAS ASSIM: 1 DEZENA DE VERDE E AS DEMAIS DE VERMELHO.

- QUANTAS SÃO AS TAÇAS VERDES?

- QUANTAS SÃO AS TAÇAS VERMELHAS?

- HÁ QUANTAS TAÇAS NO TOTAL?

- CONTINUE ESCREVENDO O NÚMERO 17.

| 17 | | | | | | | | | |
| 17 | | | | | | | | | |

- CONTE A QUANTIDADE DE BOLINHAS NAS PEÇAS DE DOMINÓ E REGISTRE NAS ETIQUETAS.

- CONTE E ANOTE, NA ETIQUETA, O NÚMERO DE ELEMENTOS DO QUADRO ABAIXO.

- COPIE OS NÚMEROS.

17

16

15

$\boxed{1}$ dezena + $\boxed{8}$ unidades = 18

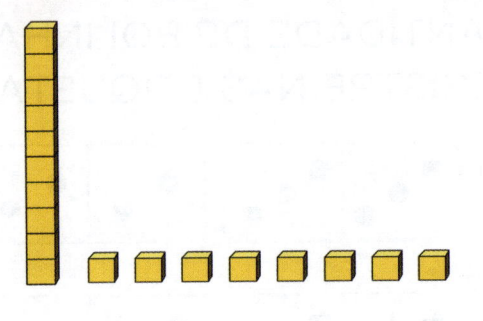

10 + 8 = 18

- PINTE AS CENOURAS ASSIM: 1 DEZENA DE LARANJA E AS DEMAIS DE AMARELO.

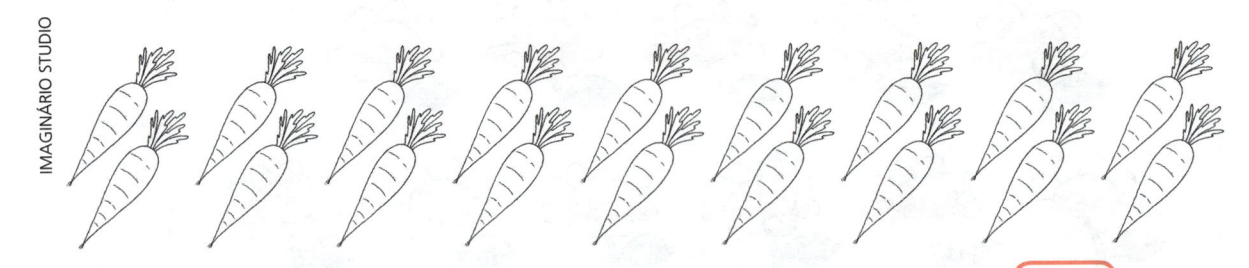

- QUANTAS SÃO AS CENOURAS LARANJA?

- QUANTAS SÃO AS CENOURAS AMARELAS?

- HÁ QUANTAS CENOURAS NO TOTAL?

- CONTINUE ESCREVENDO O NÚMERO 18.

18
18

- COMPLETE A SEQUÊNCIA COM OS NÚMEROS QUE ESTÃO FALTANDO.

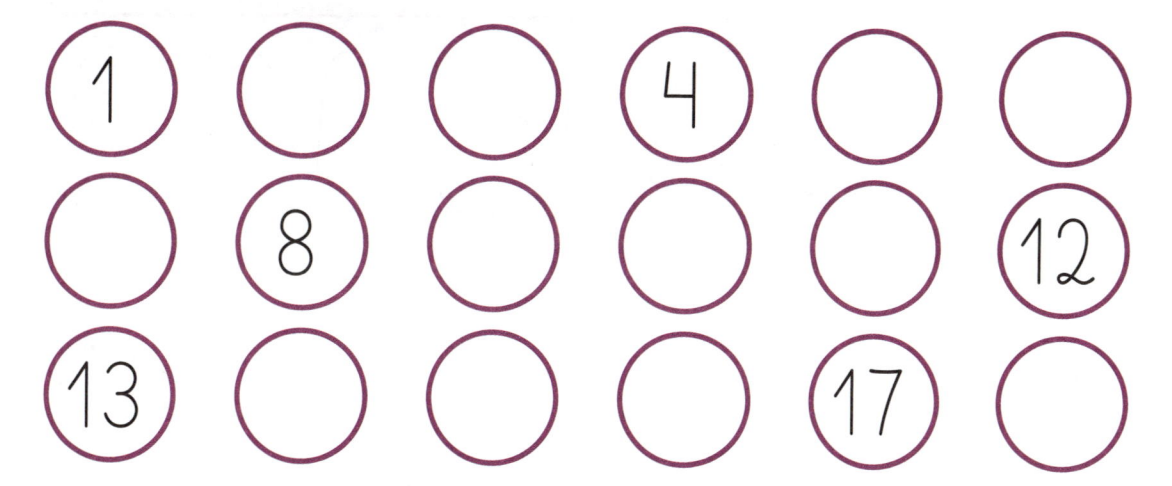

① 1 ○ ○ ④ 4 ○ ○

○ ⑧ 8 ○ ○ ○ ⑫ 12

⑬ 13 ○ ○ ○ ⑰ 17 ○

- DESENHE MAIS CORAÇÕES PARA QUE O QUADRO FIQUE COM 18 ELEMENTOS.

- COLOQUE OS NÚMEROS ABAIXO EM ORDEM CRESCENTE.

| 11 | 13 | 15 | 14 | 10 | 18 | 16 | 17 | 12 |

| 10 | | | | | | | | |

- PINTE 18 SORVETES, USANDO TRÊS CORES DIFERENTES.

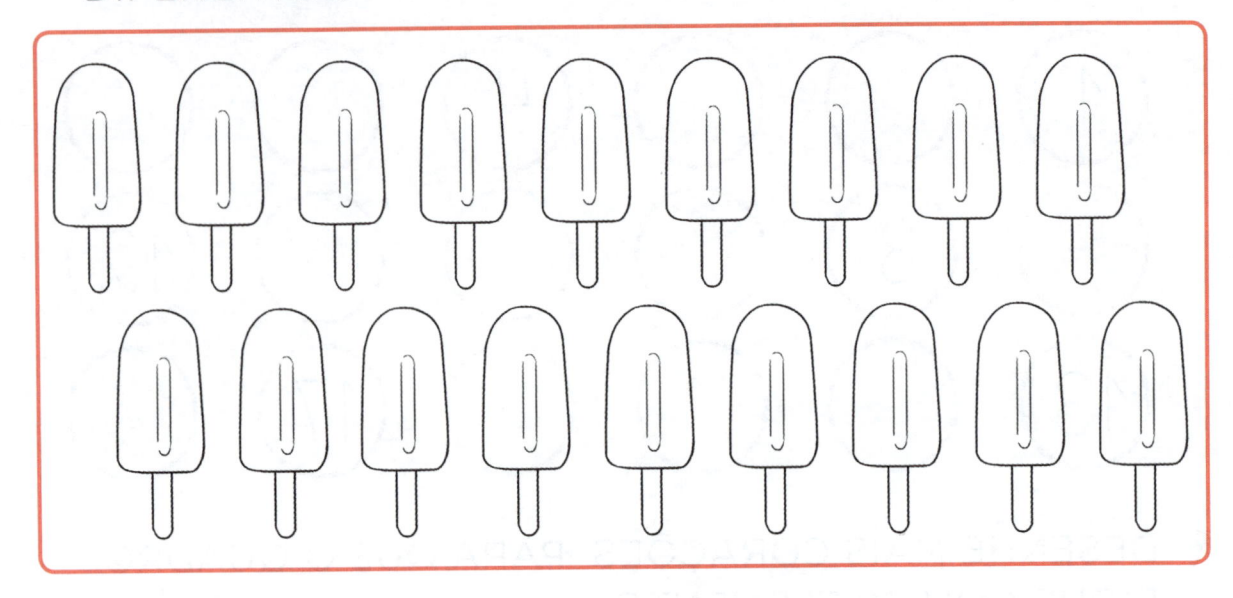

- ESCREVA O NÚMERO QUE VEM IMEDIATAMENTE **ANTES** E O NÚMERO QUE VEM IMEDIATAMENTE **DEPOIS**.

15

16

17

- COPIE OS NÚMEROS.

18

17

16

[1] dezena + [9] unidades = 19

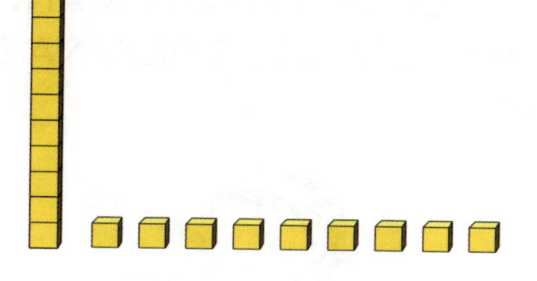

10 + 9 = 19

- PINTE AS GARRAFAS ASSIM: 1 DEZENA DE AZUL E AS DEMAIS DE VERMELHO.

- QUANTAS GARRAFAS SÃO AZUIS?

- QUANTAS GARRAFAS SÃO VERMELHAS?

- HÁ QUANTAS GARRAFAS NO TOTAL?

- CONTINUE ESCREVENDO O NÚMERO 19.

19									
19									

- OBSERVE OS DESENHOS DAS CRIANÇAS. CIRCULE A CRIANÇA QUE DESENHOU 1 DEZENA E 9 UNIDADES DE BOLINHAS.

- LIGUE OS NÚMEROS EM ORDEM CRESCENTE E DESCUBRA O DESENHO.

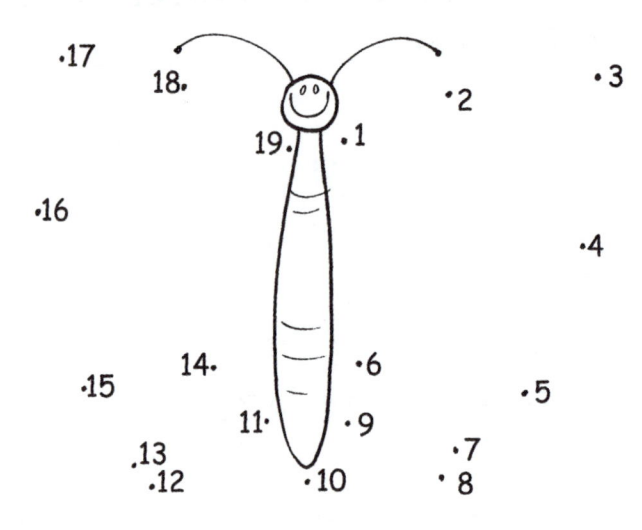

- COPIE OS NÚMEROS.

19

18

17

JUNTANDO 10 CUBINHOS COM MAIS 10 CUBINHOS, VOCÊ TEM 20 CUBINHOS.

20 unidades = 2 dezenas

10 + 10 = 20

DE QUANTAS BARRAS VOCÊ PRECISA PARA TER 2 DEZENAS?

- MARQUE COM UM X A RESPOSTA CERTA.

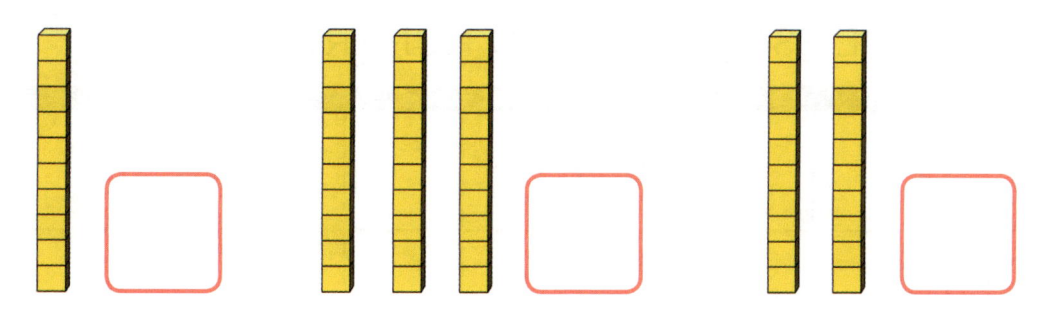

- LIGUE AS BARRAS AO NÚMERO QUE ELAS REPRESENTAM.

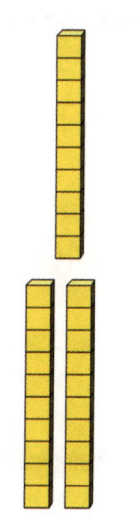

20

10

- PINTE OS DESENHOS USANDO AMARELO E LARANJA. SEMPRE QUE PINTAR 10 UNIDADES, TROQUE DE COR.

- QUANTOS SÃO OS PINTINHOS AMARELOS?

- QUANTOS SÃO OS PINTINHOS LARANJA?

- HÁ QUANTOS PINTINHOS NO TOTAL?

- CONTINUE ESCREVENDO O NÚMERO 20.

20								
20								
20								

- ESCREVA OS NÚMEROS EM ORDEM CRESCENTE, OU SEJA, DO MENOR PARA O MAIOR.

20 – 14 – 17 – 15 – 18 – 19 – 16 – 11 – 13 – 12 – 10

| 10 | | | | | | | | | | | |

- DESCUBRA OS NÚMEROS QUE ESTARIAM NO LUGAR DOS BRINQUEDOS. DEPOIS, COLOQUE SUAS DESCOBERTAS NAS ETIQUETAS.

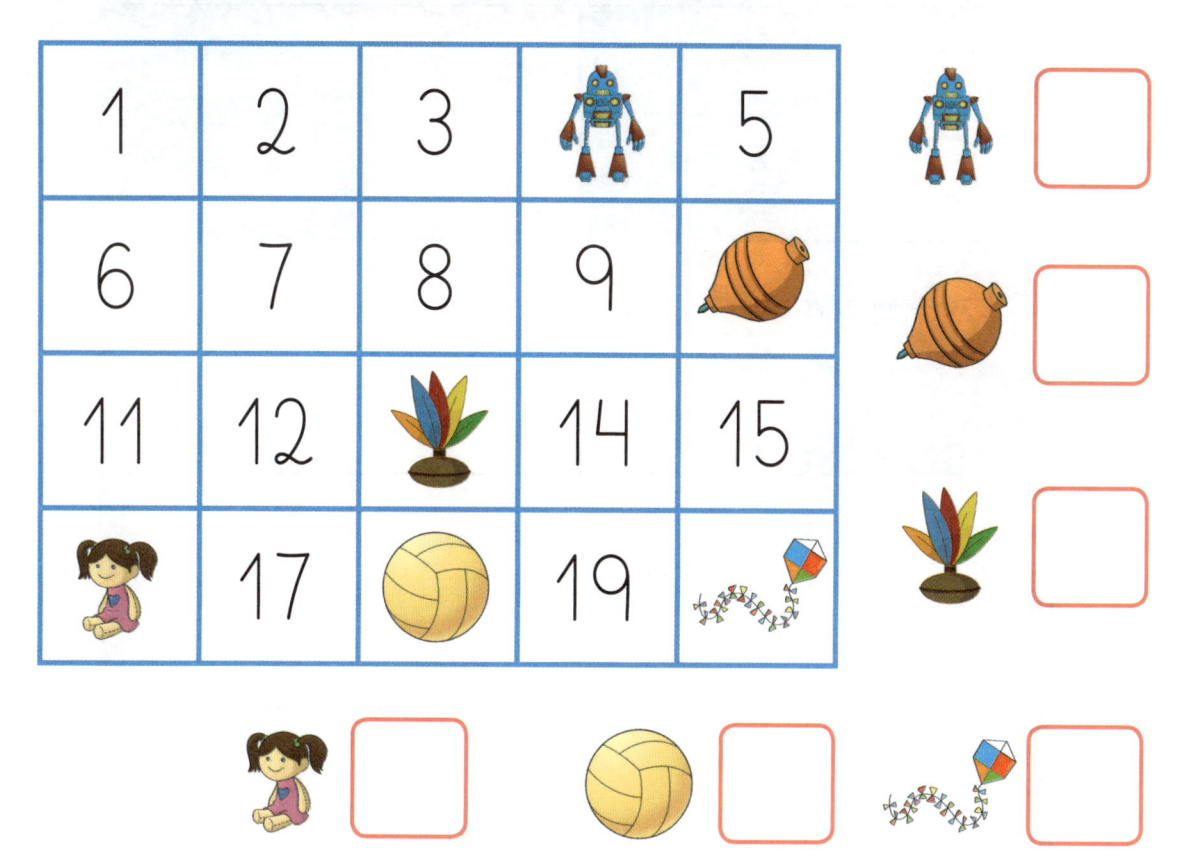

1	2	3		5
6	7	8	9	
11	12		14	15
	17		19	

- AJUDE O PRÍNCIPE A CHEGAR ATÉ A PRINCESA PARTINDO DO NÚMERO 1 E CHEGANDO AO NÚMERO 20.

135

- CONTINUE PINTANDO O QUADRO, PRESTANDO ATENÇÃO NA SEQUÊNCIA DE CORES.

- HÁ QUANTOS QUADRADOS AMARELOS?

- QUANTOS SÃO OS QUADRADOS AZUIS?

- QUANTOS QUADRADOS HÁ NO TOTAL?

LIÇÃO 19

FORMANDO PARES

DEPOIS DO FUTEBOL, A PROFESSORA PEDIU AOS ALUNOS QUE FORMASSEM PARES, ISTO É, GRUPOS COM DUAS PESSOAS.

- ORGANIZE OS GRUPOS, TRAÇANDO UMA LINHA EM VOLTA DE CADA PAR DE ALUNOS.

- QUANTOS PARES DE CRIANÇAS VOCÊ FORMOU? PINTE O QUADRO DA RESPOSTA CORRETA.

| 1 | 2 | 3 | 4 | 5 | 6 | 7 | 8 | 9 | 10 |

- OBSERVE AS IMAGENS E RESPONDA AO QUE SE PEDE. ESCREVA SUA RESPOSTA NOS QUADROS.

QUANTOS PARES SÃO?

HÁ QUANTOS CHINELOS NO TOTAL?

QUANTOS PARES SÃO?

HÁ QUANTOS SAPATOS NO TOTAL?

QUANTOS PARES SÃO?

HÁ QUANTAS MEIAS NO TOTAL?

- OUÇA A LEITURA QUE A PROFESSORA VAI FAZER. ESCREVA AS RESPOSTAS NO QUADRO.

  > NA MINHA FAMÍLIA, HÁ 5 PESSOAS. MAMÃE COMPROU UM PAR DE CHINELOS PARA CADA UMA.

- DESENHE AS 5 PESSOAS E OS CHINELOS QUE MAMÃE COMPROU.

- CONTORNE OS PARES DE CHINELOS. DEPOIS, RESPONDA ÀS PERGUNTAS A SEGUIR.

  QUANTOS PARES DE CHINELOS MAMÃE COMPROU?

  HÁ QUANTOS CHINELOS NO TOTAL?

- EM CADA QUADRO, CIRCULE CADA PAR DE ELEMENTOS. DEPOIS COMPLETE.

	NÚMERO DE PARES	NÚMERO DE ELEMENTOS

LIÇÃO 20

AS DEZENAS

- OBSERVE E, DEPOIS, COMPLETE.

| = [1] dezena ou [10] unidades

|| = [2] dezenas ou [20] unidades

||| = [ ] dezenas ou [ ] unidades

|||| = [ ] dezenas ou [ ] unidades

||||| = [ ] dezenas ou [ ] unidades

- LEIA E COPIE A SEQUÊNCIA DAS DEZENAS.

10	20	30	40	50

- EFETUE AS ADIÇÕES E COMPLETE COM O RESULTADO.

10 + 10 + 10 = ☐

10 + 10 = ☐

10 + 10 + 10 + 10 = ☐

10 + 10 + 10 + 10 + 10 = ☐

- OBSERVE OS GRUPOS A SEGUIR E RESPONDA.

- QUANTAS BOLINHAS HÁ EM CADA GRUPO? ☐

- QUANTAS BOLINHAS HÁ NO TOTAL? ☐

- QUANTAS DEZENAS DE BOLINHAS HÁ NO TOTAL? ☐

- CADA QUADRADINHO DA FIGURA VALE 10.
  PINTE AS DEZENAS EXATAS CONFORME A LEGENDA. OBSERVE O MODELO.

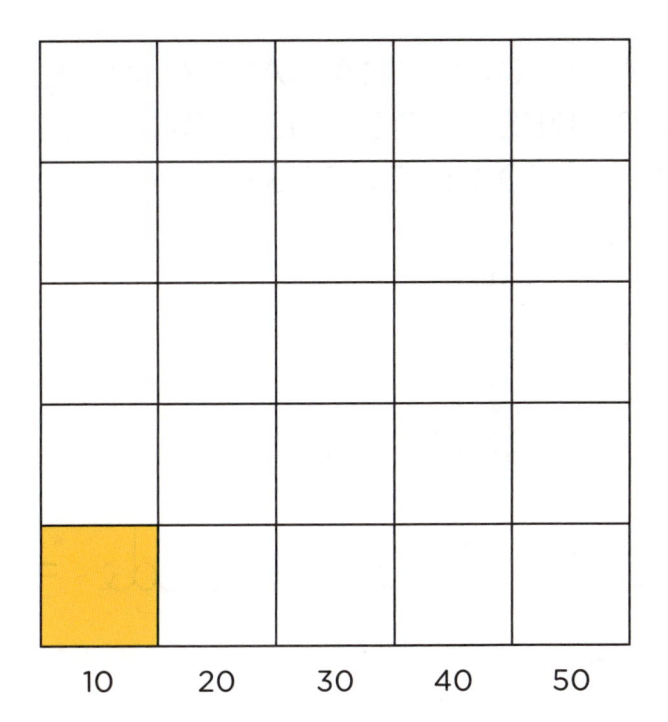

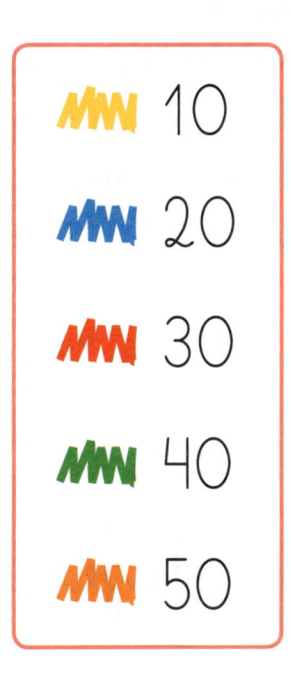

- LIGUE CORRETAMENTE.

1 DEZENA		40
2 DEZENAS		30
3 DEZENAS		50
4 DEZENAS		10
5 DEZENAS		20

LIÇÃO 21 — NÚMEROS DE 21 A 29

VOCÊ SE LEMBRA DE QUE UMA BARRA VALE 1 DEZENA OU 10 UNIDADES? E DE QUE 2 BARRAS VALEM 2 DEZENAS OU 20 UNIDADES?

AGORA, OBSERVE.

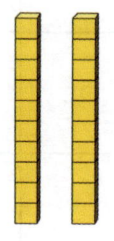

$\boxed{2}$ dezenas + $\boxed{1}$ unidade = 21

20 + 1 = 21

- PINTE CADA FORMA DE UMA COR.

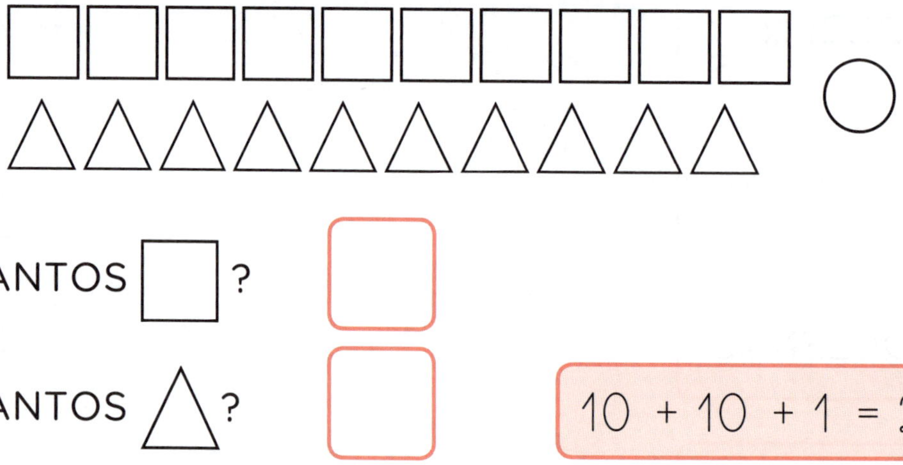

QUANTOS ☐ ? ☐

QUANTOS △ ? ☐   10 + 10 + 1 = 21

QUANTOS ○ ? ☐

QUANTAS FIGURAS HÁ AO TODO? ☐

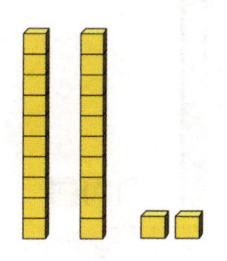

$\boxed{2}$ dezenas + $\boxed{2}$ unidades = 22

20 + 2 = 22

- PINTE. SEMPRE QUE MUDAR A POSIÇÃO DO PIRULITO, MUDE A COR.

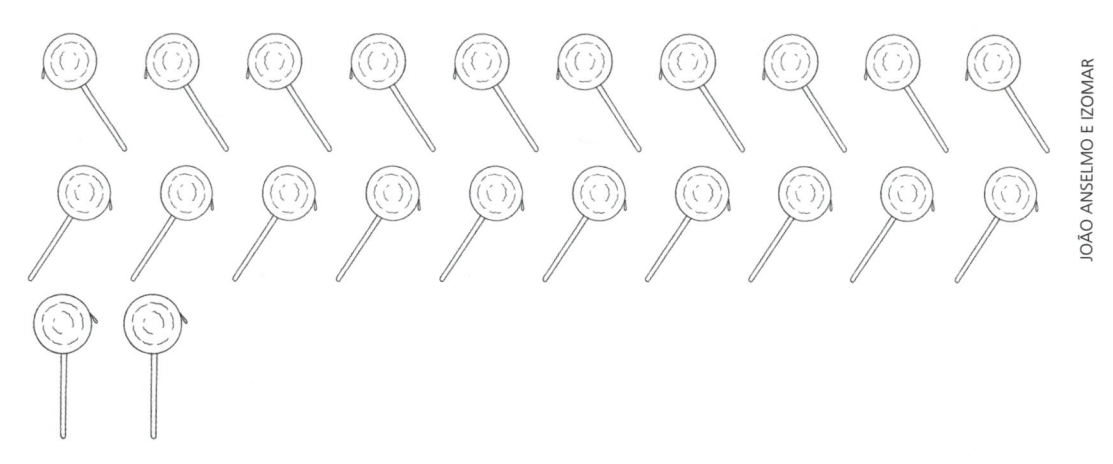

QUANTOS 🍭 ? ☐

QUANTOS 🍭 ? ☐

10 + 10 + 2 = 22

QUANTOS 🍭 ? ☐

QUANTOS PIRULITOS HÁ AO TODO? ☐

145

[2] dezenas + [3] unidades = 23

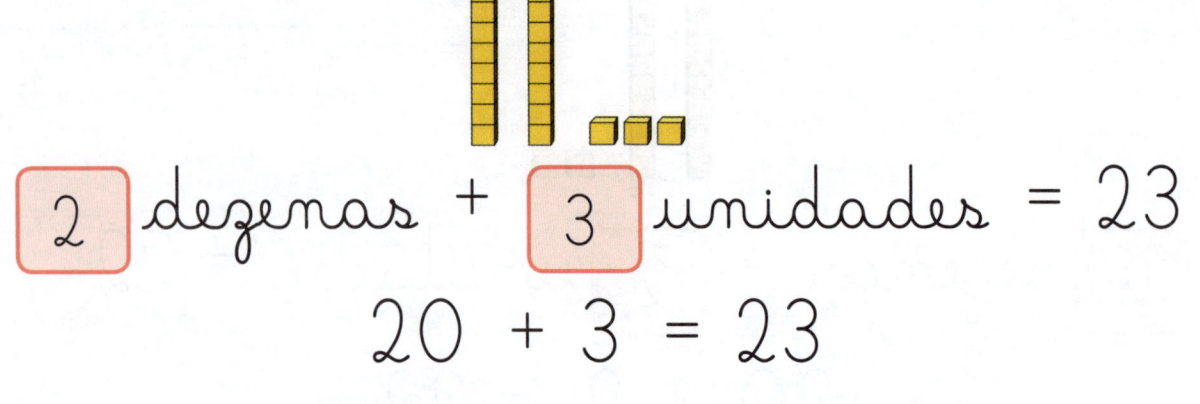

20 + 3 = 23

- PINTE. SEMPRE QUE MUDAR A POSIÇÃO DO GUARDA-CHUVA, MUDE A COR.

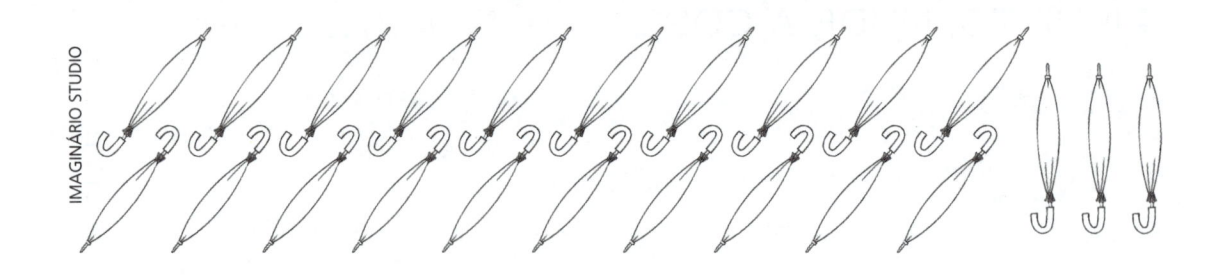

QUANTOS ? ☐

QUANTOS ? ☐   10 + 10 + 3 = 23

QUANTOS ? ☐

QUANTOS GUARDA-CHUVAS HÁ AO TODO? ☐

- CONTINUE ESCREVENDO O NÚMERO [23].

| 23 | | | | | | | | | |
| 23 | | | | | | | | | |

- QUE NÚMERO ESTÁ REPRESENTADO NO ÁBACO?

10
10
3

- NO QUADRO ABAIXO, CIRCULE GRUPOS DE 10 ELEMENTOS. DEPOIS, CONTE E ANOTE NA ETIQUETA QUANTOS ELEMENTOS HÁ NO TOTAL.

- ESCREVA O NÚMERO QUE VEM IMEDIATAMENTE **ANTES** E O NÚMERO QUE VEM IMEDIATAMENTE **DEPOIS**.

20   22   21

- PINTE OS QUADRADINHOS CONFORME A LEGENDA.

🟨 21   🟦 22   🟥 23

20	22	12	21	23	10
23	20	21	12	11	22
13	21	22	23	13	20
12	23	11	10	22	21

- CONTINUE ESCREVENDO OS NÚMEROS ATÉ O FINAL DA LINHA.

21 _____

22 _____

23 _____

- DESENHE CARINHAS PARA FORMAR UM AGRUPAMENTO COM 23 ELEMENTOS.

[2] dezenas + [4] unidades = 24

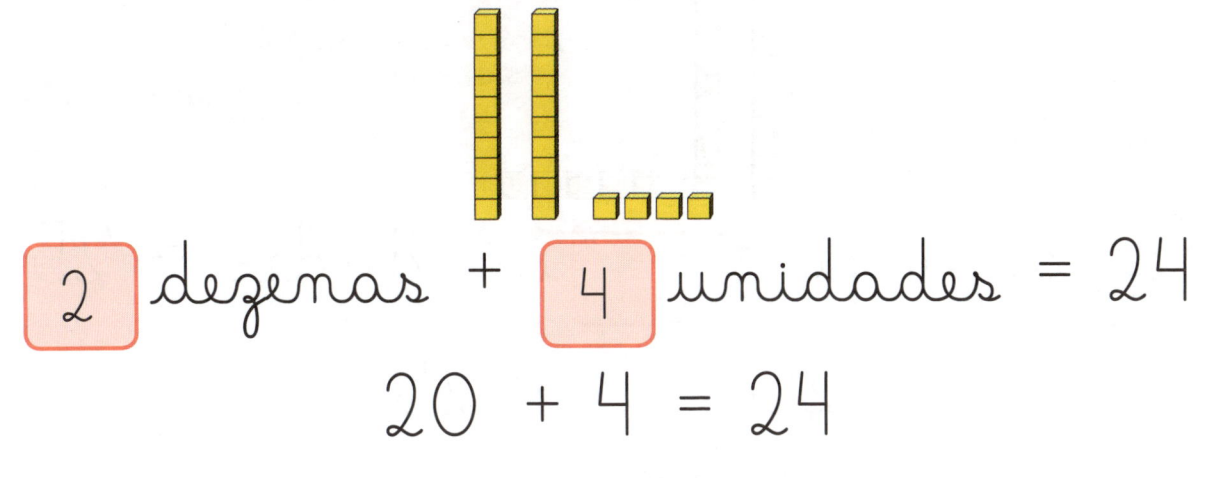

20 + 4 = 24

- PINTE. SEMPRE QUE MUDAR A POSIÇÃO DO PASSARINHO, MUDE A COR.

QUANTOS 🐦 ? ☐

QUANTOS 🐦 ? ☐

10 + 10 + 4 = 24

QUANTOS 🐦 ? ☐

QUANTOS PASSARINHOS HÁ AO TODO? ☐

- CONTINUE ESCREVENDO O NÚMERO 24.

24 24

[2] dezenas + [ ] unidades = 25

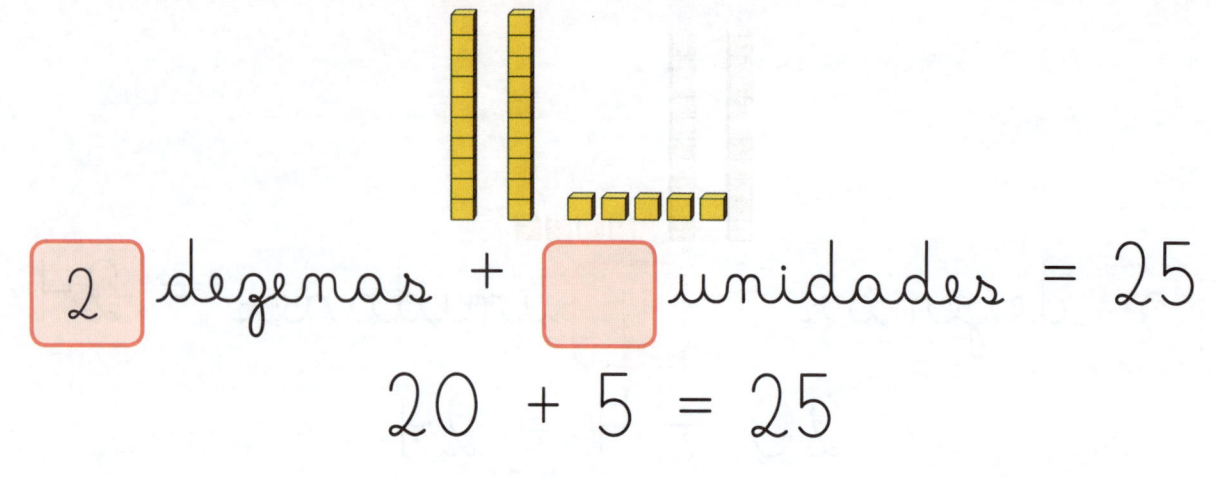

20 + 5 = 25

- PINTE. SEMPRE QUE MUDAR A FRUTA, MUDE A COR.

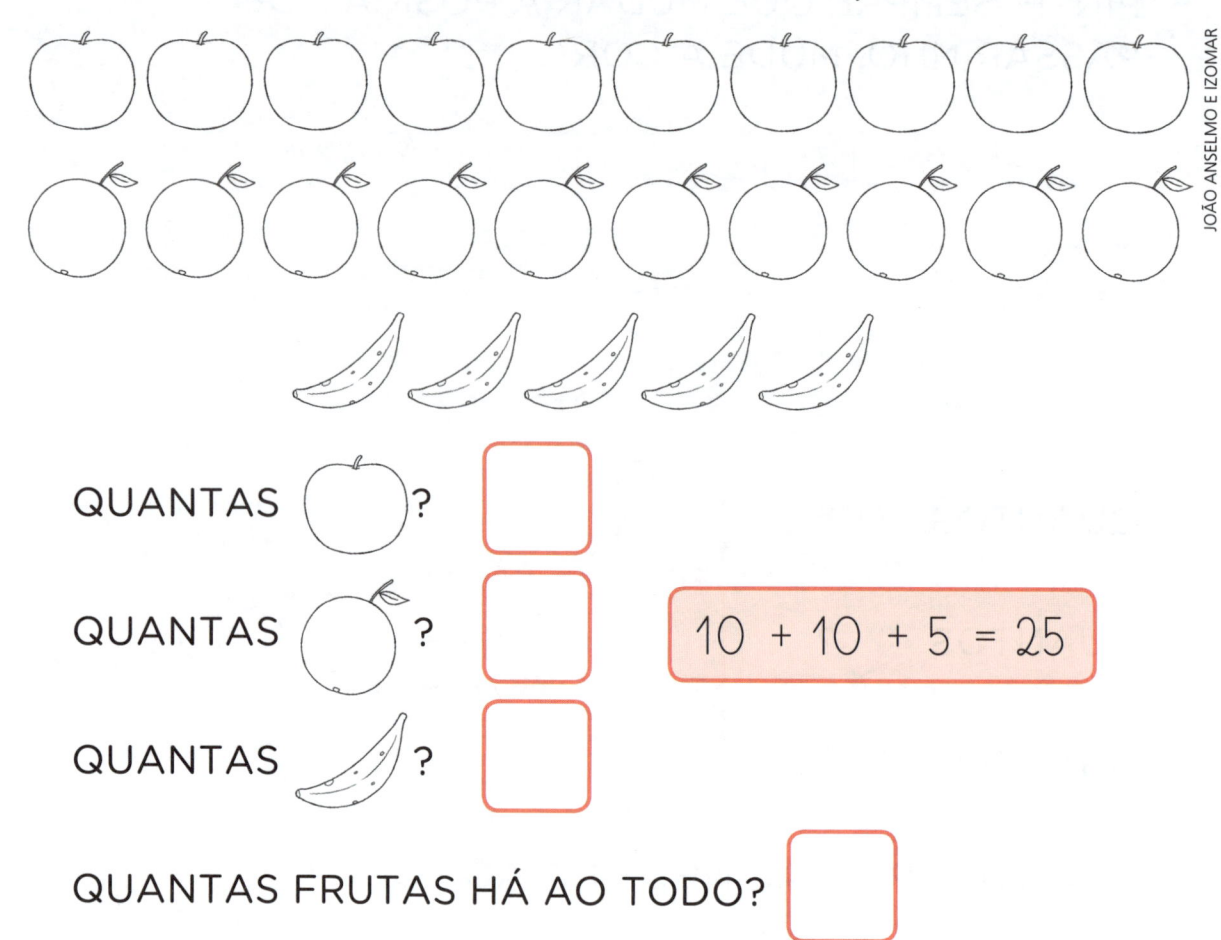

QUANTAS 🍎 ? [ ]

QUANTAS 🍊 ? [ ]

10 + 10 + 5 = 25

QUANTAS 🍌 ? [ ]

QUANTAS FRUTAS HÁ AO TODO? [ ]

- CONTINUE ESCREVENDO O NÚMERO 25.

| 25 | | | | | | | | | |
| 25 | | | | | | | | | |

[2] dezenas + [ ] unidades = 26

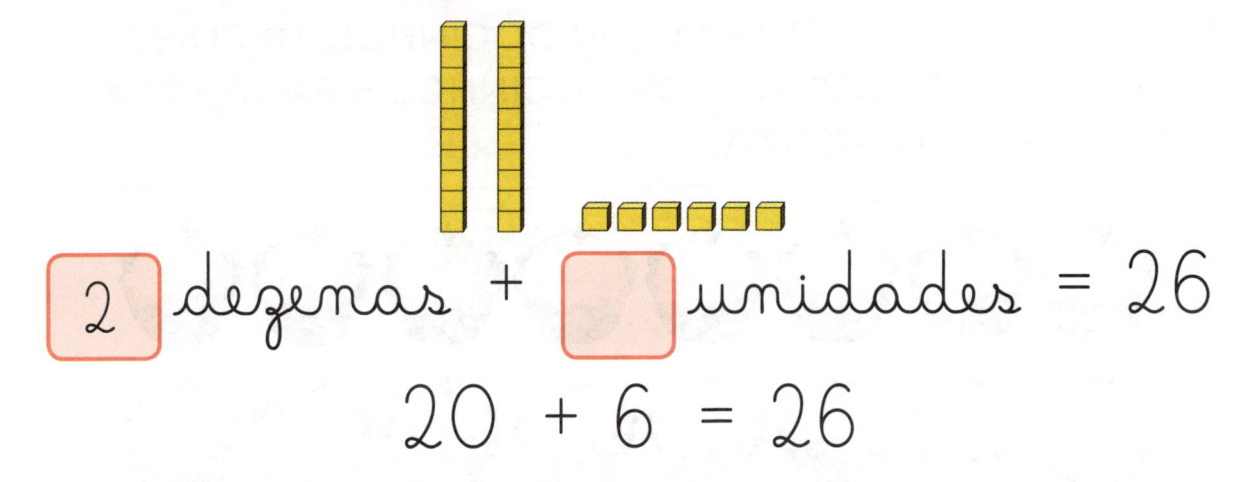

20 + 6 = 26

- PINTE. SEMPRE QUE MUDAR A FIGURA, MUDE A COR.

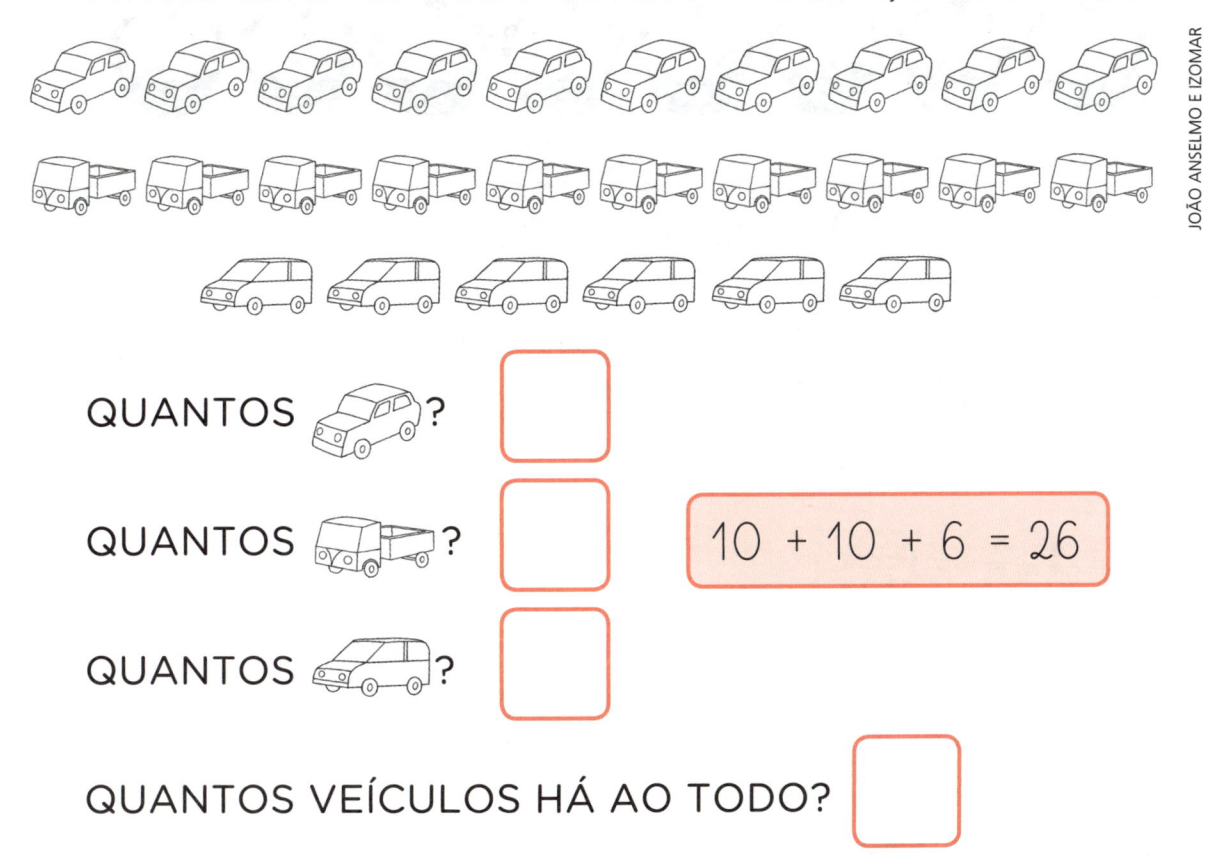

QUANTOS 🚗 ? [ ]

QUANTOS 🚛 ? [ ]

10 + 10 + 6 = 26

QUANTOS 🚙 ? [ ]

QUANTOS VEÍCULOS HÁ AO TODO? [ ]

- CONTINUE ESCREVENDO O NÚMERO 26.

| 26 | | | | | | | | | |
| 26 | | | | | | | | | |

- CIRCULE CADA GRUPO DE 10 DOCINHOS. DEPOIS, CONTE QUANTOS SÃO OS DOCINHOS E FAÇA UM **X** NA RESPOSTA CERTA.

| 24 | 25 | 26 |

- COMPLETE OS DESENHOS E RESPONDA QUANTOS SÃO OS BRINQUEDOS.

PEDRO TEM 10 RAQUETES.

BRUNO TEM 10 BOLINHAS DE GUDE.

VINÍCIUS TEM 5 PETECAS.

OS TRÊS JUNTOS TÊM _____ BRINQUEDOS.

- COLOQUE OS NÚMEROS EM ORDEM CRESCENTE.

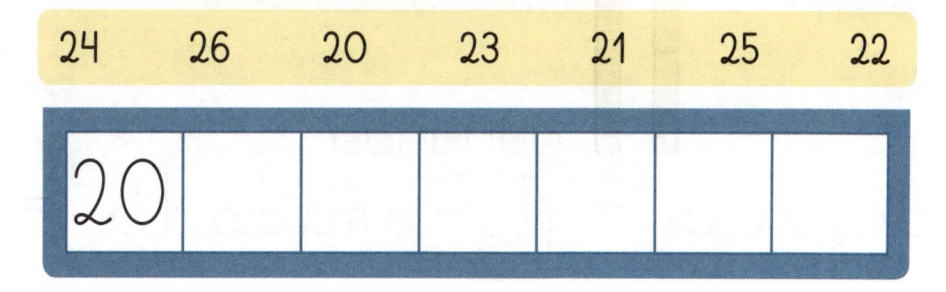

| 24 | 26 | 20 | 23 | 21 | 25 | 22 |

| 20 | | | | | | |

- DESENHE MAIS ELEMENTOS NOS QUADROS PARA QUE TENHAM A QUANTIDADE INDICADA NA ETIQUETA.

25

26

- CONTINUE ESCREVENDO OS NÚMEROS ATÉ O FINAL DA LINHA.

24

25

26

[2] dezenas + [ ] unidades = 27

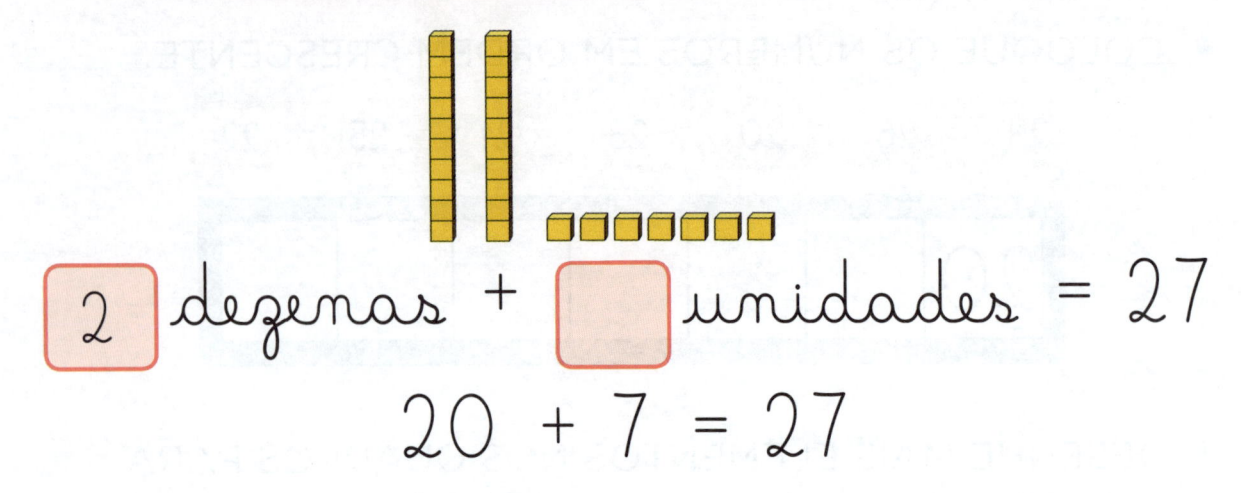

20 + 7 = 27

- PINTE. SEMPRE QUE MUDAR A FLOR, MUDE A COR.

QUANTAS 🌼 ? [   ]

QUANTAS 🌹 ? [   ]

10 + 10 + 7 = 27

QUANTAS 🌷 ? [   ]

QUANTAS FLORES HÁ AO TODO? [   ]

- CONTINUE ESCREVENDO O NÚMERO 27.

| 27 | | | | | | | | | |
| 27 | | | | | | | | | |

[2] dezenas + [ ] unidades = 28

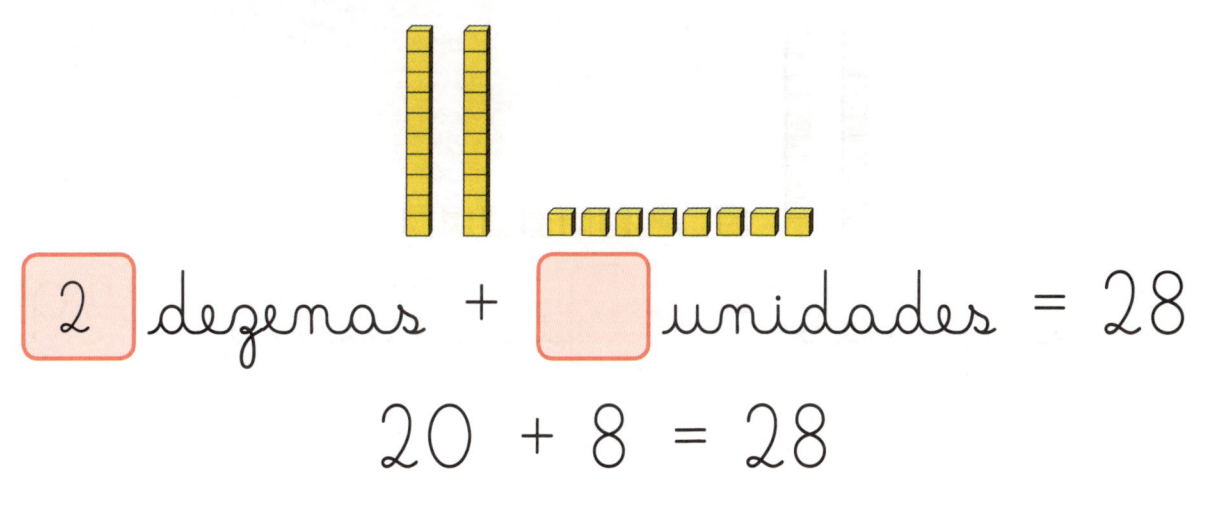

20 + 8 = 28

- PINTE. SEMPRE QUE MUDAR A FIGURA, MUDE A COR.

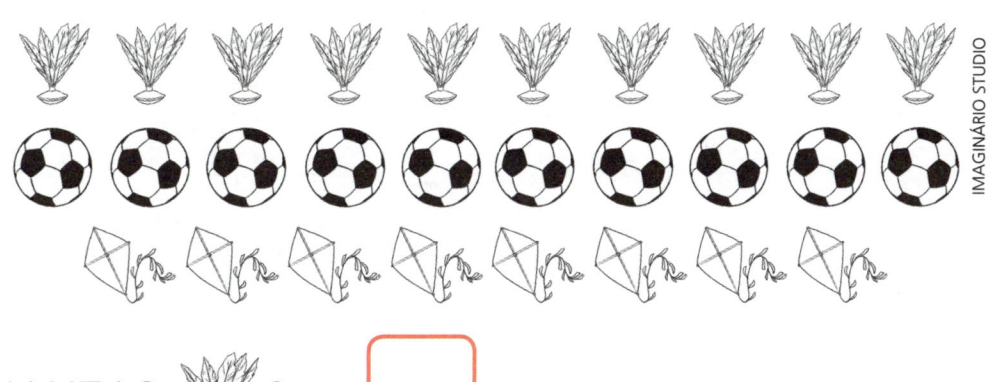

QUANTAS 🌱 ? [ ]

QUANTAS ⚽ ? [ ]

10 + 10 + 8 = 28

QUANTAS 🪁 ? [ ]

QUANTOS BRINQUEDOS HÁ AO TODO? [ ]

- CONTINUE ESCREVENDO O NÚMERO [28].

28								
28								

[2] DEZENAS + [ ] UNIDADES = 29

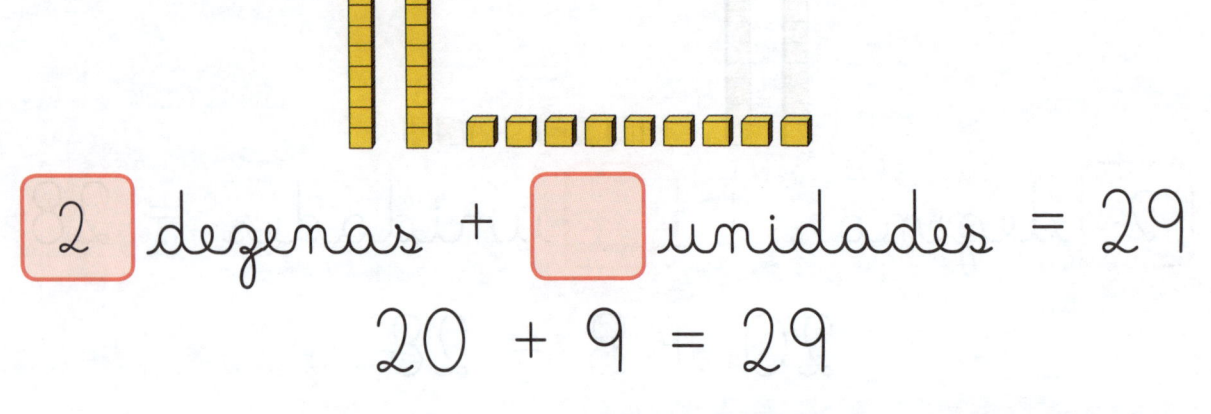

20 + 9 = 29

- PINTE. SEMPRE QUE MUDAR A FIGURA, MUDE A COR.

QUANTOS 🐦 ? [ ]

QUANTOS 🐱 ? [ ]

10 + 10 + 9 = 29

QUANTOS 🐶 ? [ ]

QUANTOS ANIMAIS HÁ AO TODO? [ ]

- CONTINUE ESCREVENDO O NÚMERO 29.

| 29 | | | | | | | | |
| 29 | | | | | | | | |

- COMPLETE COM OS NÚMEROS QUE ESTÃO FALTANDO.

| | 21 | 22 | | 24 | | 26 | 27 | | 29 |

- ESCREVA O NÚMERO QUE VEM IMEDIATAMENTE **ANTES** E O NÚMERO QUE VEM IMEDIATAMENTE **DEPOIS**.

☐ 20 ☐   ☐ 25 ☐   ☐ 28 ☐

- QUANTOS ELEMENTOS HÁ EM CADA QUADRO? PARA FACILITAR A CONTAGEM, FORME GRUPOS DE 10. DEPOIS, CIRCULE A RESPOSTA CORRETA.

21 22 23 24 25 26 27 28 29

21 22 23 24 25 26 27 28 29

- DESENHE ELEMENTOS PARA FORMAR UM AGRUPAMENTO COM 29 FLORES. DEPOIS, PINTE TODAS ELAS.

- CADA SAQUINHO CONTÉM 10 BALAS. QUANTAS BALAS TEM NO TOTAL?

- CONTINUE ESCREVENDO ATÉ O FINAL DA LINHA.

27

28

29

- COMPLETE OS ESQUEMAS DAS ADIÇÕES COM OS NÚMEROS QUE FALTAM.

- COMPLETE OS QUADROS, COLOCANDO O RESULTADO DA ADIÇÃO.

20 + [|] = 21

20 + [||] = ☐

20 + [|||] = ☐

20 + [||||] = ☐

20 + [|||||] = ☐

20 + [||||||] = ☐

20 + [|||||||] = ☐

20 + [||||||||] = ☐

20 + [|||||||||] = ☐

- ESCREVA EM ORDEM CRESCENTE OS NÚMEROS QUE APARECEM NOS BALÕES.

Balões: 29, 22, 21, 26, 27, 24, 25, 23, 28

- ESCREVA O NÚMERO QUE VEM IMEDIATAMENTE **ANTES** E O NÚMERO QUE VEM IMEDIATAMENTE **DEPOIS**.

___	22	___		___	14	___
___	18	___		___	19	___
___	11	___		___	24	___
___	27	___		___	26	___
___	17	___		___	20	___

LIÇÃO 22

O RELÓGIO

O RELÓGIO É UTILIZADO PARA MARCAR AS HORAS.

OBSERVE OS RELÓGIOS A SEGUIR.

O PONTEIRO PEQUENO ESTÁ NO **1**. O PONTEIRO GRANDE ESTÁ NO **12**. É **1 HORA**.

O PONTEIRO PEQUENO ESTÁ NO **3**. O PONTEIRO GRANDE ESTÁ NO **12**. SÃO **3 HORAS**.

EXISTE, TAMBÉM, O RELÓGIO DIGITAL, QUE NÃO TEM PONTEIROS. OBSERVE COMO ELE MARCA AS HORAS:

1:00
1 HORA

3:00
3 HORAS

- ESCREVA AS HORAS QUE OS RELÓGIOS ESTÃO MARCANDO.

  _____   _____

- AGORA, PENSE EM SEUS HORÁRIOS. COM A AJUDA DE UM ADULTO, ESCREVA NO QUADRO A HORA EM QUE VOCÊ REALIZA AS ATIVIDADES A SEGUIR.

ALMOÇA

_____

VAI PARA A ESCOLA

_____

BRINCA

_____

DORME

_____

ILUSTRAÇÕES: CONEXÃO EDITORIAL

163

- ESCUTE O POEMA QUE A PROFESSORA VAI LER.

O RELÓGIO

PASSA, TEMPO, TIC-TAC

TIC-TAC, PASSA, HORA

CHEGA LOGO, TIC-TAC

TIC-TAC, E VAI-TE EMBORA

PASSA, TEMPO

BEM DEPRESSA

NÃO ATRASA

NÃO DEMORA

QUE JÁ ESTOU

MUITO CANSADO

JÁ PERDI

TODA A ALEGRIA

DE FAZER

MEU TIC-TAC

DIA E NOITE

NOITE E DIA

TIC-TAC

TIC-TAC

DIA E NOITE

NOITE E DIA

VINÍCIUS DE MORAES E PAULO SOLEDADE. O RELÓGIO. © TONGA EDITORA MUSICAL LTDA. / DIRETO

- QUE HORAS O RELÓGIO ESTÁ MARCANDO?

- AGORA, DESENHE OS PONTEIROS DE ACORDO COM AS HORAS INDICADAS.

9 HORAS

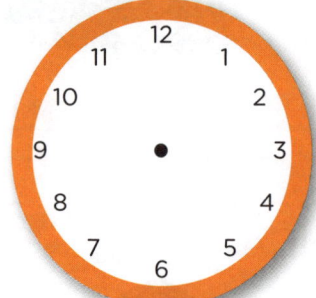

7 HORAS

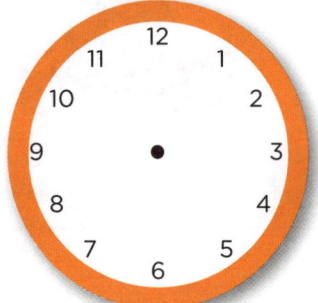

LIÇÃO 23

NOSSO DINHEIRO

O DINHEIRO BRASILEIRO É CHAMADO DE **REAL**. SEU SÍMBOLO É **R$**.

AS **MOEDAS** SÃO FEITAS DE METAL E PODEM TER OS SEGUINTES VALORES:

- 1 REAL
- 50 CENTAVOS
- 25 CENTAVOS
- 10 CENTAVOS
- 5 CENTAVOS

FOTOS: CASA DA MOEDA DO BRASIL

- EM CADA QUADRO, COMPLETE COM O VALOR DAS MOEDAS.

CINCO MOEDAS DE ☐ CENTAVOS VALEM 50 CENTAVOS.

DUAS MOEDAS DE ☐ CENTAVOS VALEM 1 REAL.

165

AS **CÉDULAS** SÃO FEITAS DE PAPEL E TAMBÉM SÃO CHAMADAS DE **NOTAS**.

2 REAIS	5 REAIS	10 REAIS
20 REAIS	50 REAIS	100 REAIS

FOTOS: CASA DA MOEDA DO BRASIL

- EM CADA QUADRO, COMPLETE COM O VALOR DAS MOEDAS E CÉDULAS.

DUAS MOEDAS DE ☐ REAL VALEM ☐ REAIS.

DUAS CÉDULAS DE ☐ REAIS VALEM ☐ REAIS.

ESTA É A QUANTIA EM DINHEIRO QUE TENHO.

- OBSERVE OS QUADROS A SEGUIR. O QUE O MENINO PODE COMPRAR COM O DINHEIRO QUE TEM? MARQUE UM **X** NAS ETIQUETAS.

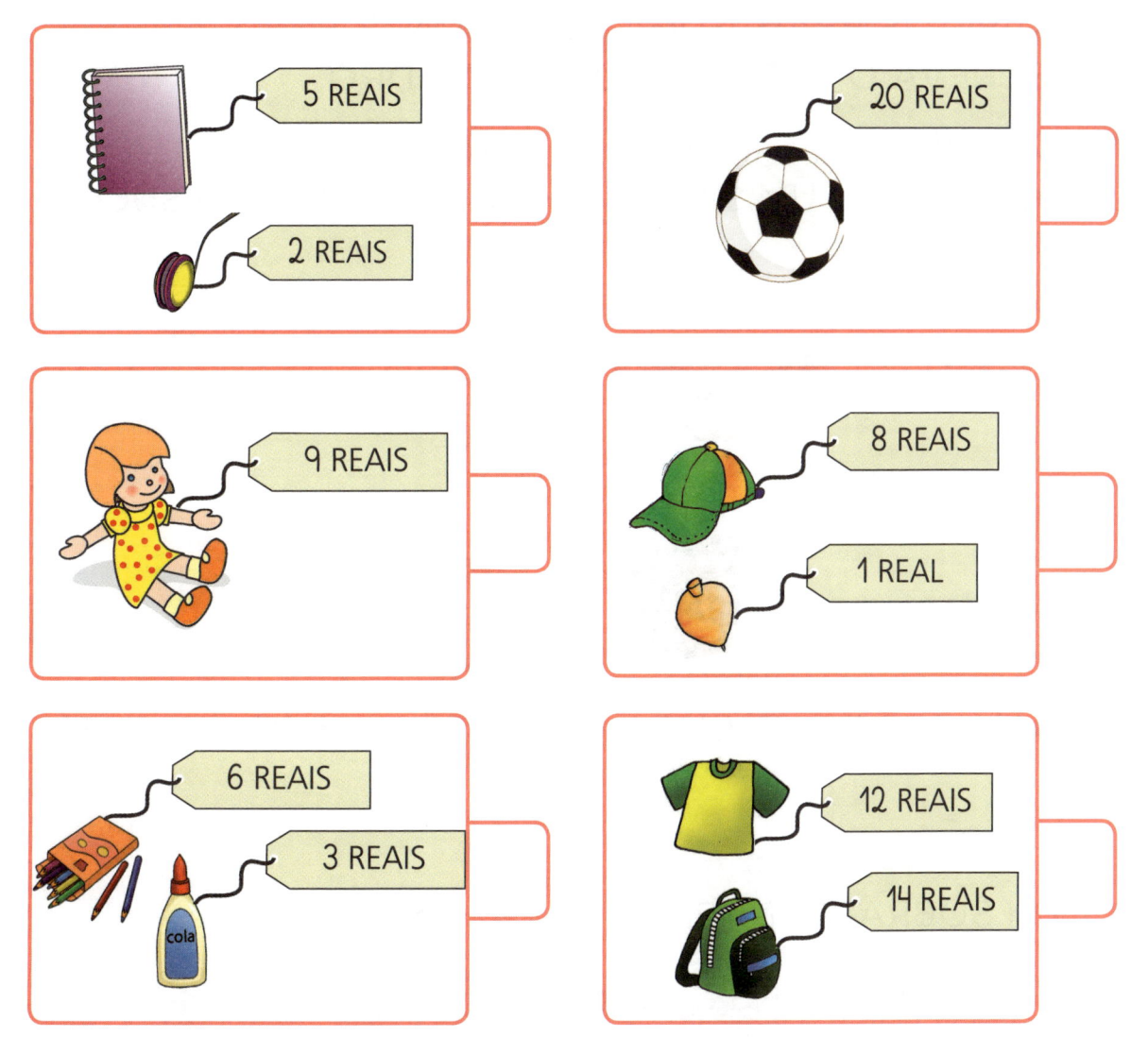

5 REAIS

2 REAIS

20 REAIS

9 REAIS

8 REAIS

1 REAL

6 REAIS

3 REAIS

12 REAIS

14 REAIS

ATENÇÃO: OS VALORES NÃO CORRESPONDEM AO VALOR REAL DOS PRODUTOS.

- GUGA LEVOU PARA A ESCOLA ESTA QUANTIA DE DINHEIRO.

- QUANTOS REAIS GUGA TEM? CONTE E ESCREVA O RESULTADO NO QUADRO.

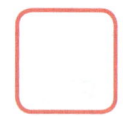

- NA HORA DO LANCHE, NA CANTINA DA ESCOLA, GUGA PEDIU UM SANDUÍCHE NATURAL E UM SUCO.

4 REAIS

2 REAIS

- QUANTOS REAIS GUGA GASTARÁ EM SEU LANCHE?

  4 + 2 = ☐

- VAI SOBRAR DINHEIRO?   8 − 6 = ☐

  ☐ SIM.   ☐ NÃO.

LIÇÃO 24

NÚMEROS DE 30 A 50

OBSERVE:

$$10 + 10 + 10$$

= 30 unidades ou 3 dezenas

• PINTE. SEMPRE QUE MUDAR A POSIÇÃO DA PENA, MUDE A COR.

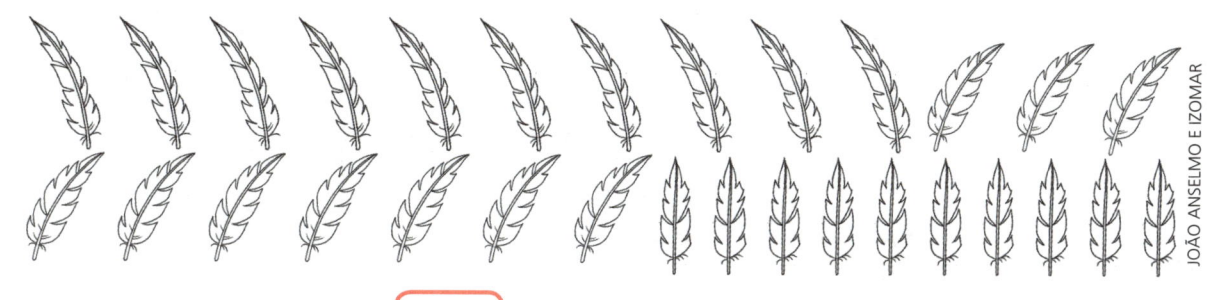

QUANTAS ? ☐

QUANTAS ? ☐

QUANTAS ? ☐

$$10 + 10 + 10 = 30$$

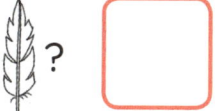

QUANTAS PENAS HÁ AO TODO? ☐

• CONTINUE ESCREVENDO O NÚMERO 30.

| 30 | | | | | | | | | |
| 30 | | | | | | | | | |

- COMPLETE A SEQUÊNCIA NUMÉRICA, COLOCANDO O RESULTADO DA ADIÇÃO.

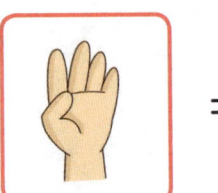

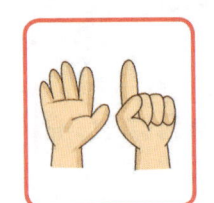

30 + ☝ = ☐

30 + ✌ = ☐

30 + 🖔 = ☐

30 + 🖖 = ☐

30 + 🖐 = ☐

30 + 🖐☝ = ☐

30 + 🖐✌ = ☐

30 + 🖐🖔 = ☐

30 + 🖐🖐 = ☐

- ESCREVA EM ORDEM CRESCENTE OS NÚMEROS QUE APARECEM NOS QUADROS. UTILIZE OS ADESIVOS DA PÁGINA 197.

| 32 | 35 | 37 | 39 | 36 | 31 | 38 | 33 | 34 |

- RISQUE O NÚMERO QUE NÃO FAZ PARTE DE CADA SEQUÊNCIA E ESCREVA NA ETIQUETA O NÚMERO CORRETO PARA COMPLETÁ-LA. DEPOIS, COPIE A SEQUÊNCIA CORRETAMENTE.

| 10 | 11 | 22 | 13 | 14 | 15 | 16 | 17 | 18 | 19 |

| 20 | 21 | 22 | 23 | 24 | 25 | 26 | 27 | 38 | 29 |

| 30 | 31 | 32 | 33 | 34 | 45 | 36 | 37 | 38 | 39 |

OBSERVE:

$$10 + 10 + 10 + 10$$

|||| = 40 unidades ou 4 dezenas

- PINTE. SEMPRE QUE MUDAR A POSIÇÃO DA JOANINHA, MUDE A COR.

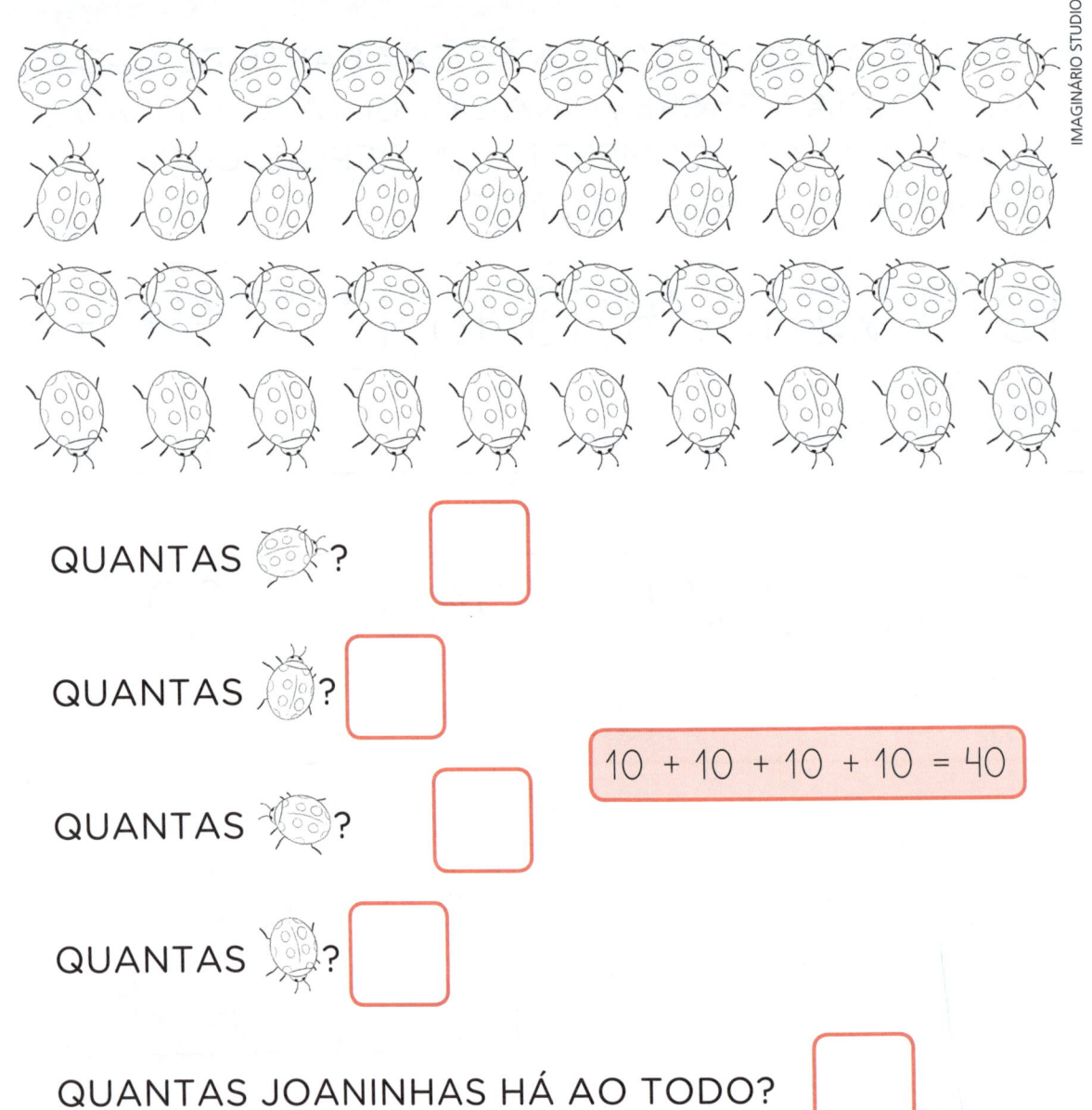

QUANTAS 🐞? ☐

QUANTAS 🐞? ☐

$10 + 10 + 10 + 10 = 40$

QUANTAS 🐞? ☐

QUANTAS 🐞? ☐

QUANTAS JOANINHAS HÁ AO TODO? ☐

- COMPLETE OS ESQUEMAS DAS ADIÇÕES COM OS NÚMEROS QUE FALTAM.

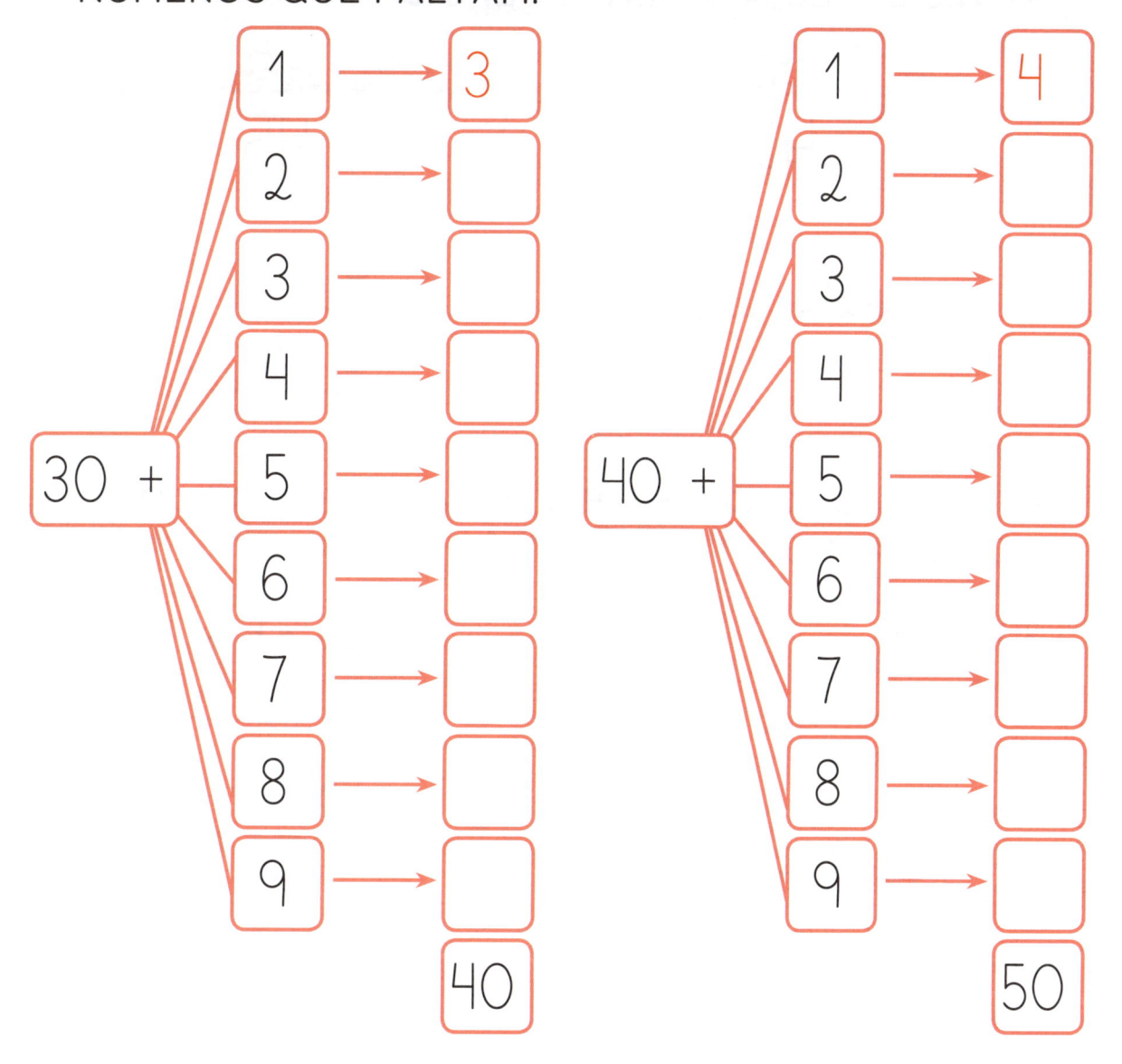

30 +
- 1 → 3
- 2 →
- 3 →
- 4 →
- 5 →
- 6 →
- 7 →
- 8 →
- 9 →
- 40

40 +
- 1 → 4
- 2 →
- 3 →
- 4 →
- 5 →
- 6 →
- 7 →
- 8 →
- 9 →
- 50

- ESCREVA EM ORDEM CRESCENTE OS NÚMEROS QUE APARECEM NAS ETIQUETAS.

49, 41, 43, 46, 48, 42, 45, 44, 47

- ESCREVA O NÚMERO QUE VÊM IMEDIATAMENTE **ANTES** E IMEDIATAMENTE **DEPOIS**.

      42   45

      47   49 50

- EFETUE AS ADIÇÕES E ESCREVA O RESULTADO NOS QUADROS.

30 + 1 = ☐   20 + 5 = ☐

40 + 4 = ☐   40 + 2 = ☐

30 + 5 = ☐   30 + 6 = ☐

10 + 3 = ☐   20 + 8 = ☐

40 + 7 = ☐   10 + 2 = ☐

30 + 8 = ☐   40 + 9 = ☐

OBSERVE:

$$10 + 10 + 10 + 10 + 10$$

= 50 unidades ou 5 dezenas

- PINTE. SEMPRE QUE MUDAR A POSIÇÃO DO PIÃO, MUDE A COR.

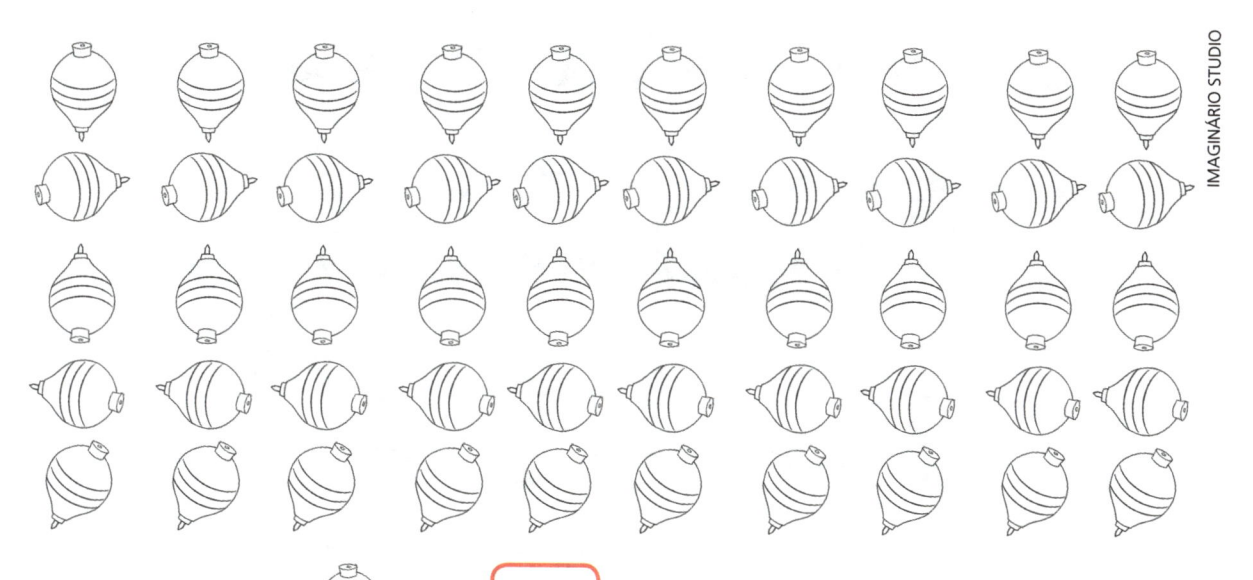

QUANTOS ? ☐

QUANTOS ? ☐

QUANTOS ? ☐ $10 + 10 + 10 + 10 + 10 = 50$

QUANTOS ? ☐

QUANTOS ? ☐

QUANTOS PIÕES HÁ AO TODO? ☐

- VEJA EM QUANTAS FLORES A ABELHA POUSARÁ ANTES DE CHEGAR À COLMEIA! ESCREVA OS NÚMEROS QUE FALTAM PARA COMPLETAR ESSE CAMINHO.

ALMANAQUE

DOMINÓ

ALMANAQUE

Parte integrante da coleção **Eu gosto m@is** – Educação Infantil – Matemática – volume 3 – IBEP.

DOMINÓ

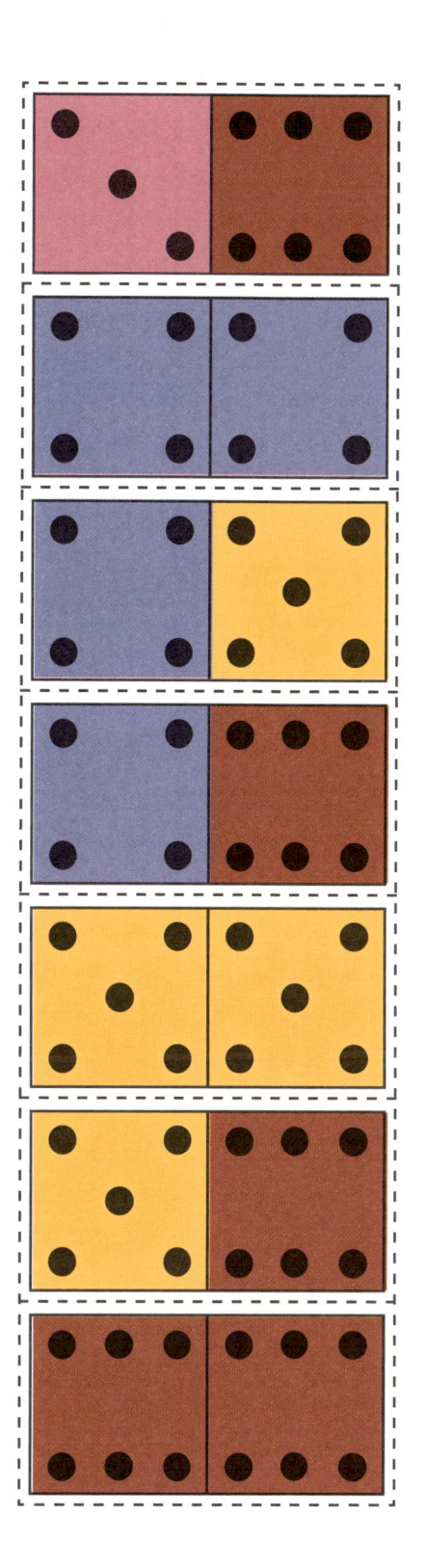

ALMANAQUE

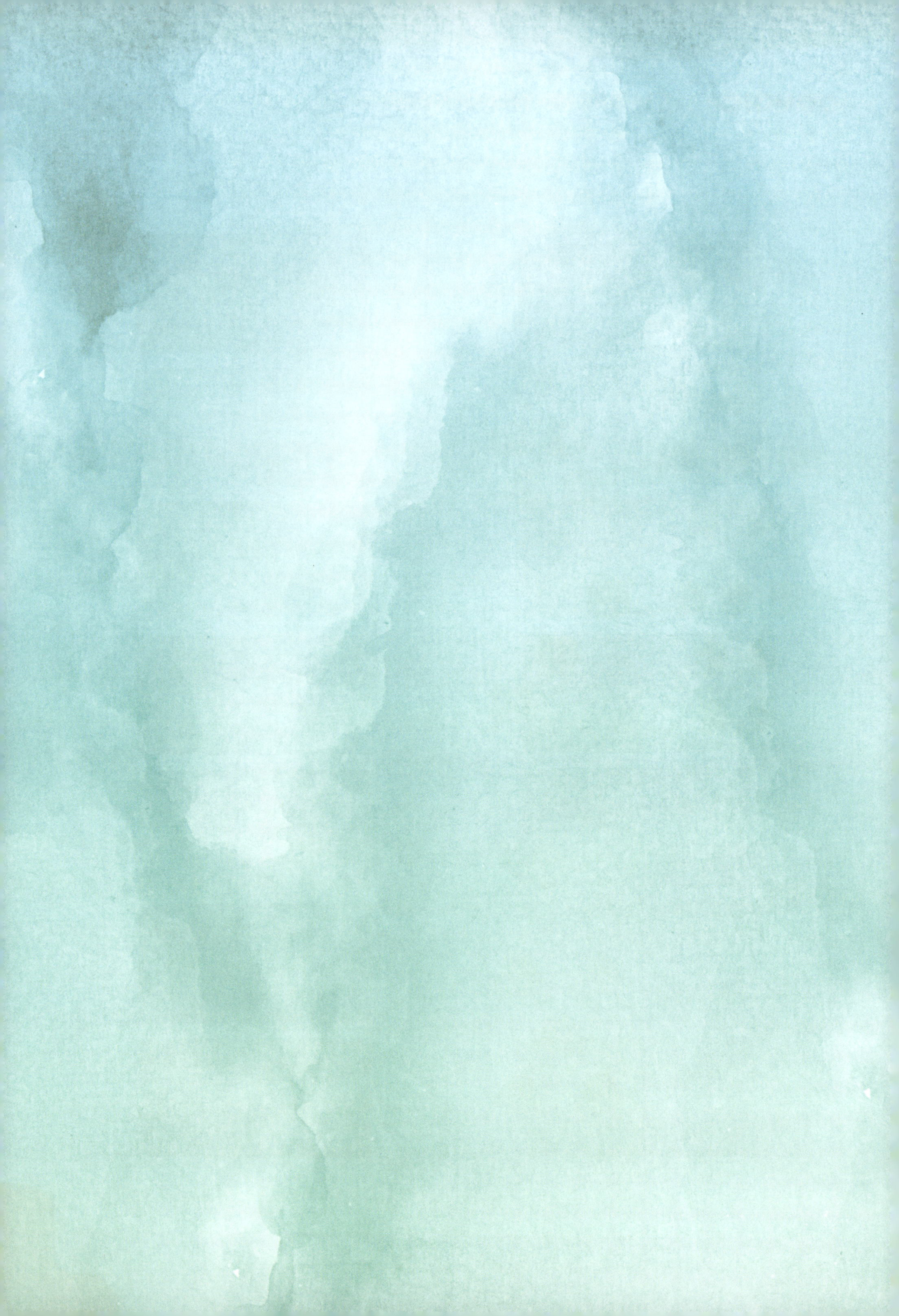

JOGO DA MEMÓRIA - NÚMEROS

ALMANAQUE

		1	6
		2	7
		3	8
		4	9
		5	0

ILUSTRAÇÕES JOÃO ANSELMO E IZOMAR

Parte integrante da coleção **Eu gosto m@is** – Educação Infantil – Matemática – volume 3 – IBEP.

MOEDAS

FOTOS: CASA DA MOEDA DO BRASIL

Parte integrante da coleção **Eu gosto m@is** – Educação Infantil – Matemática – volume 3 – IBEP.

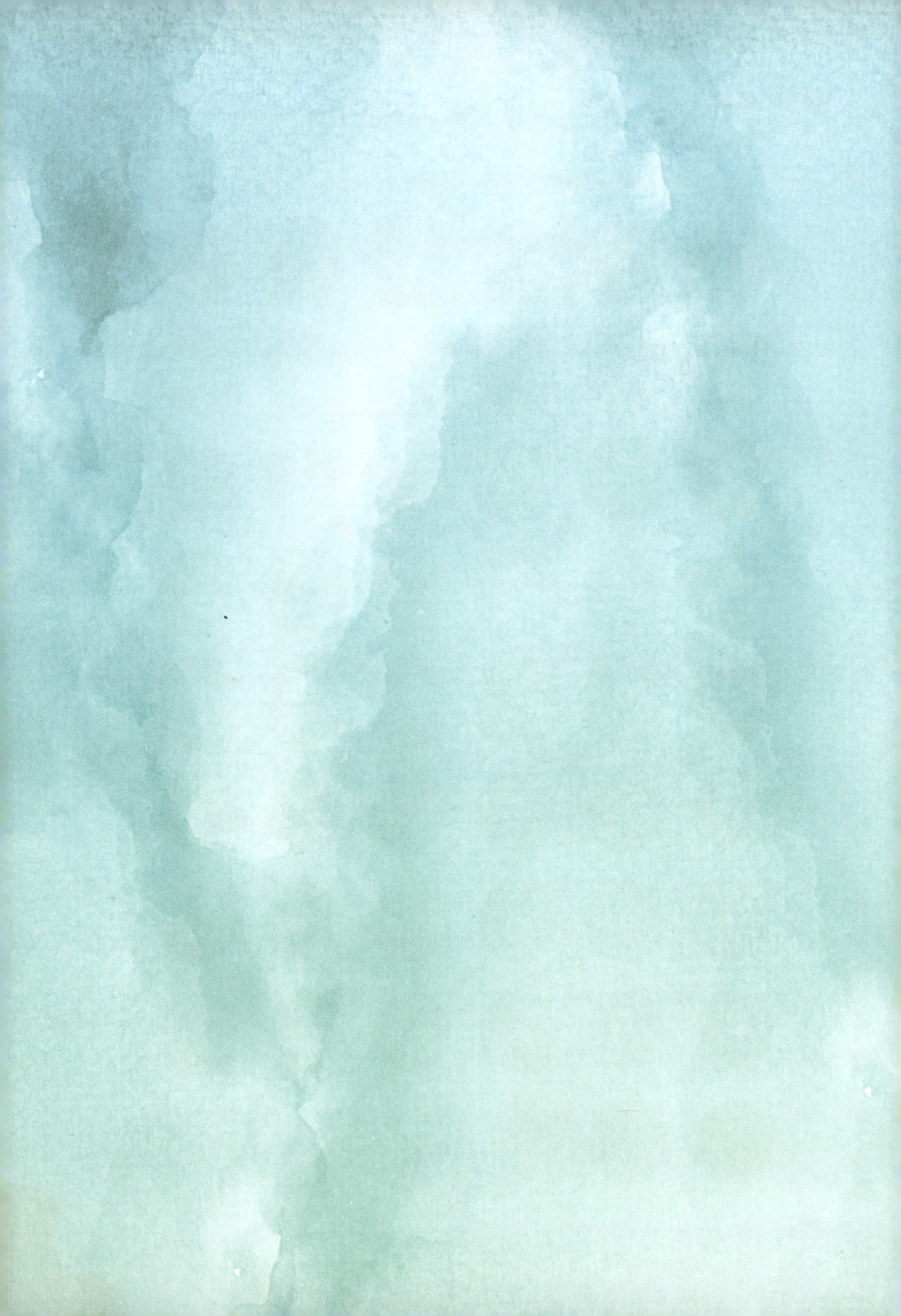

CÉDULAS

FOTOS: CASA DA MOEDA DO BRASIL

Parte integrante da coleção **Eu gosto m@is** – Educação Infantil – Matemática – volume 3 – IBEP.

ALMANAQUE

187

DADOS

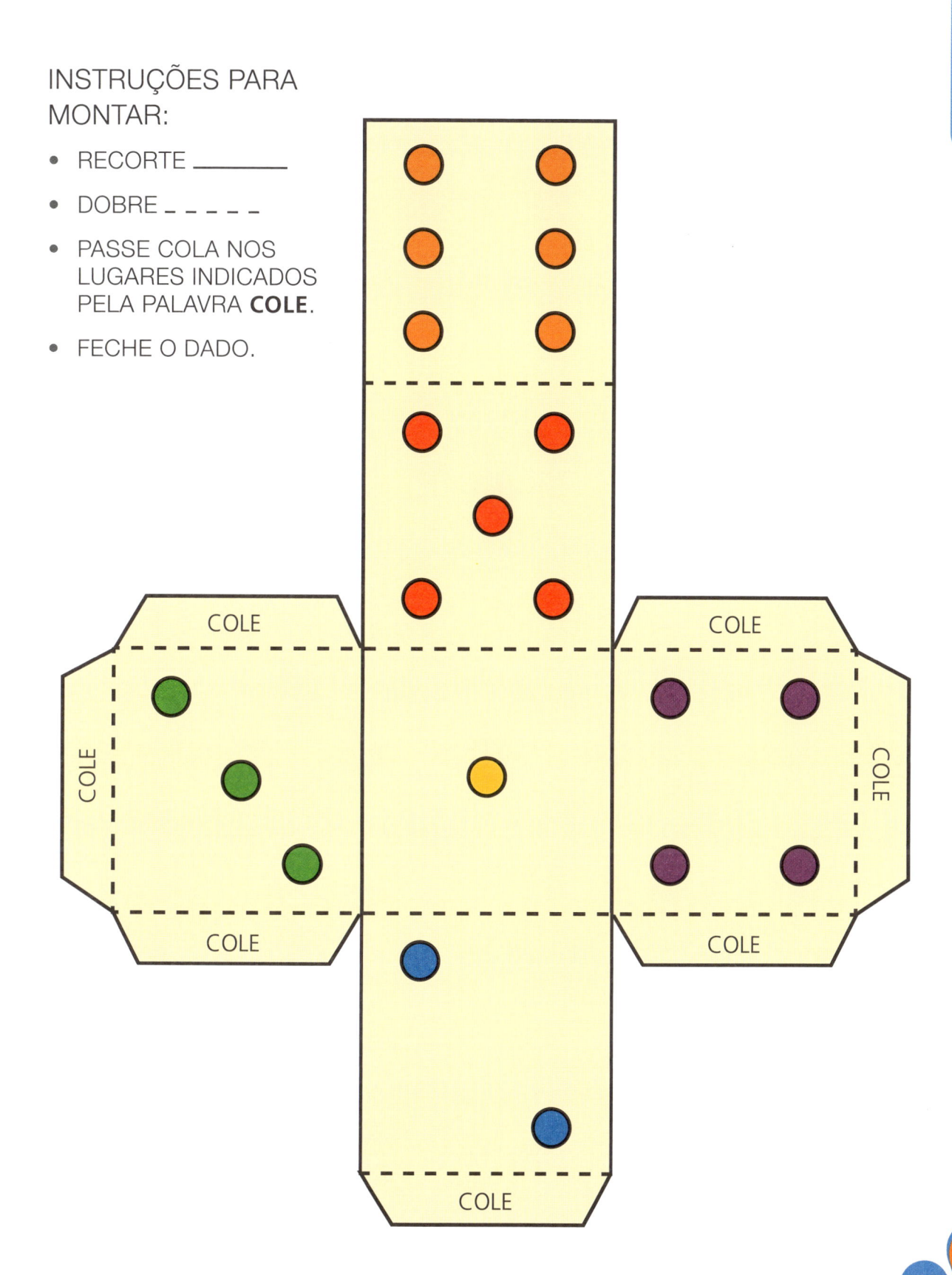

INSTRUÇÕES PARA MONTAR:

- RECORTE _____
- DOBRE _ _ _ _ _
- PASSE COLA NOS LUGARES INDICADOS PELA PALAVRA **COLE**.
- FECHE O DADO.

Parte integrante da coleção **Eu gosto m@is** *– Educação Infantil – Matemática – volume 3 – IBEP.*

COLE
COLE
COLE
COLE
COLE
COLE
COLE

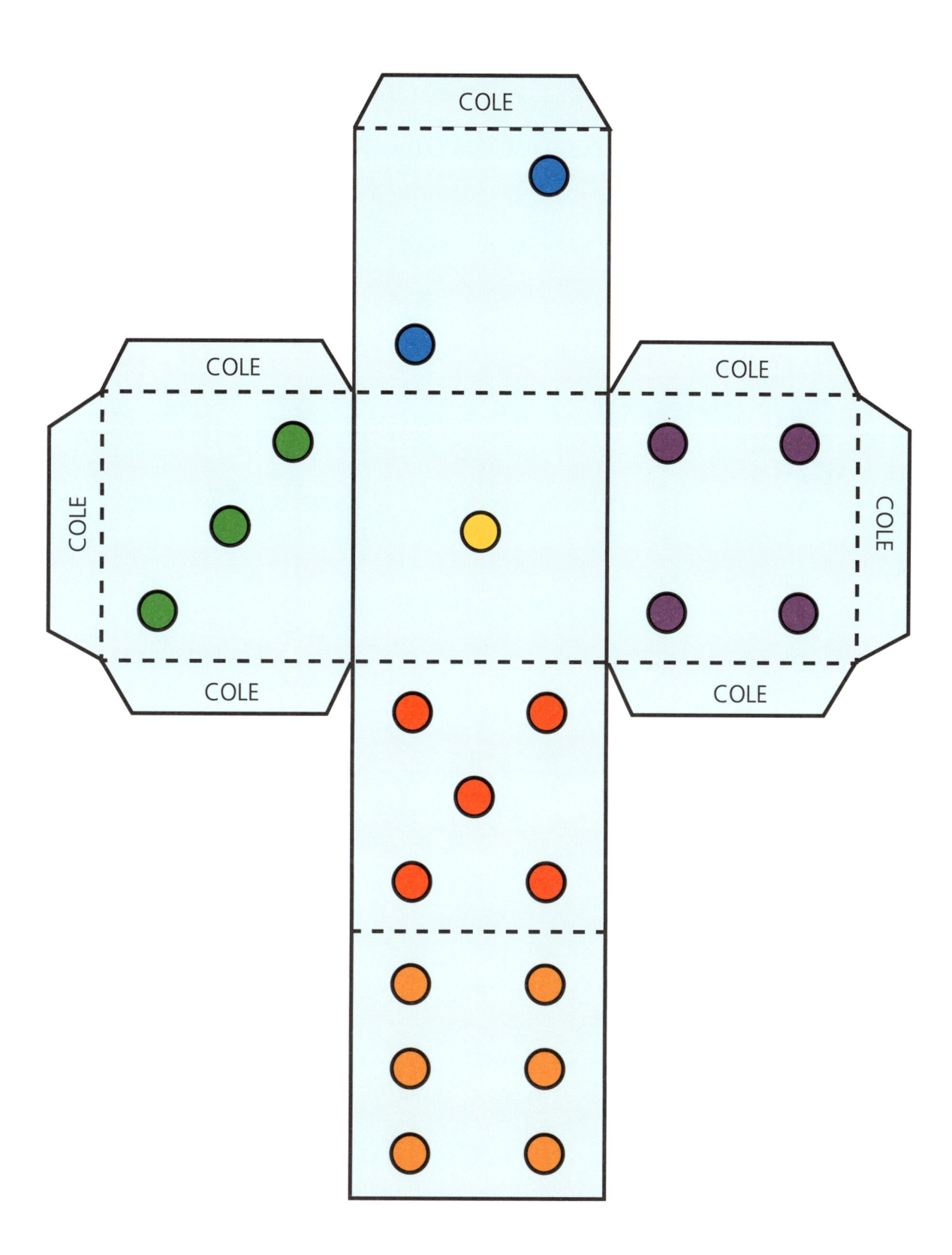

ALMANAQUE

Parte integrante da coleção **Eu gosto m@is** – Educação Infantil – Matemática – volume 3 – IBEP.

191

LIÇÃO 1 – PÁGINA 10

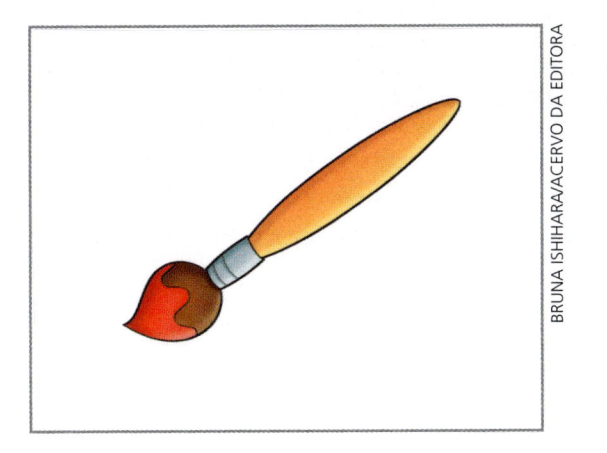

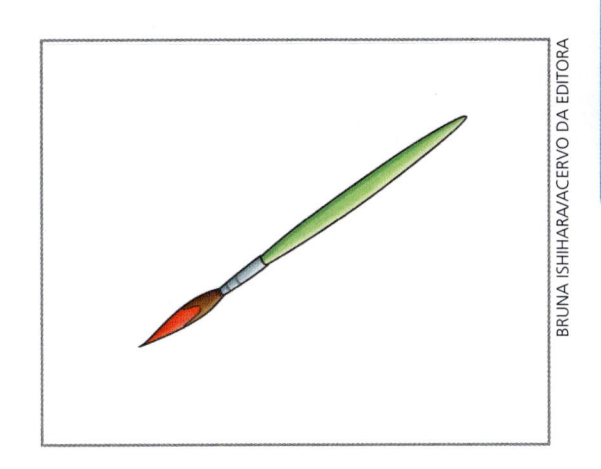

LIÇÃO 3 – PÁGINA 20

LIÇÃO 4 – PÁGINA 25

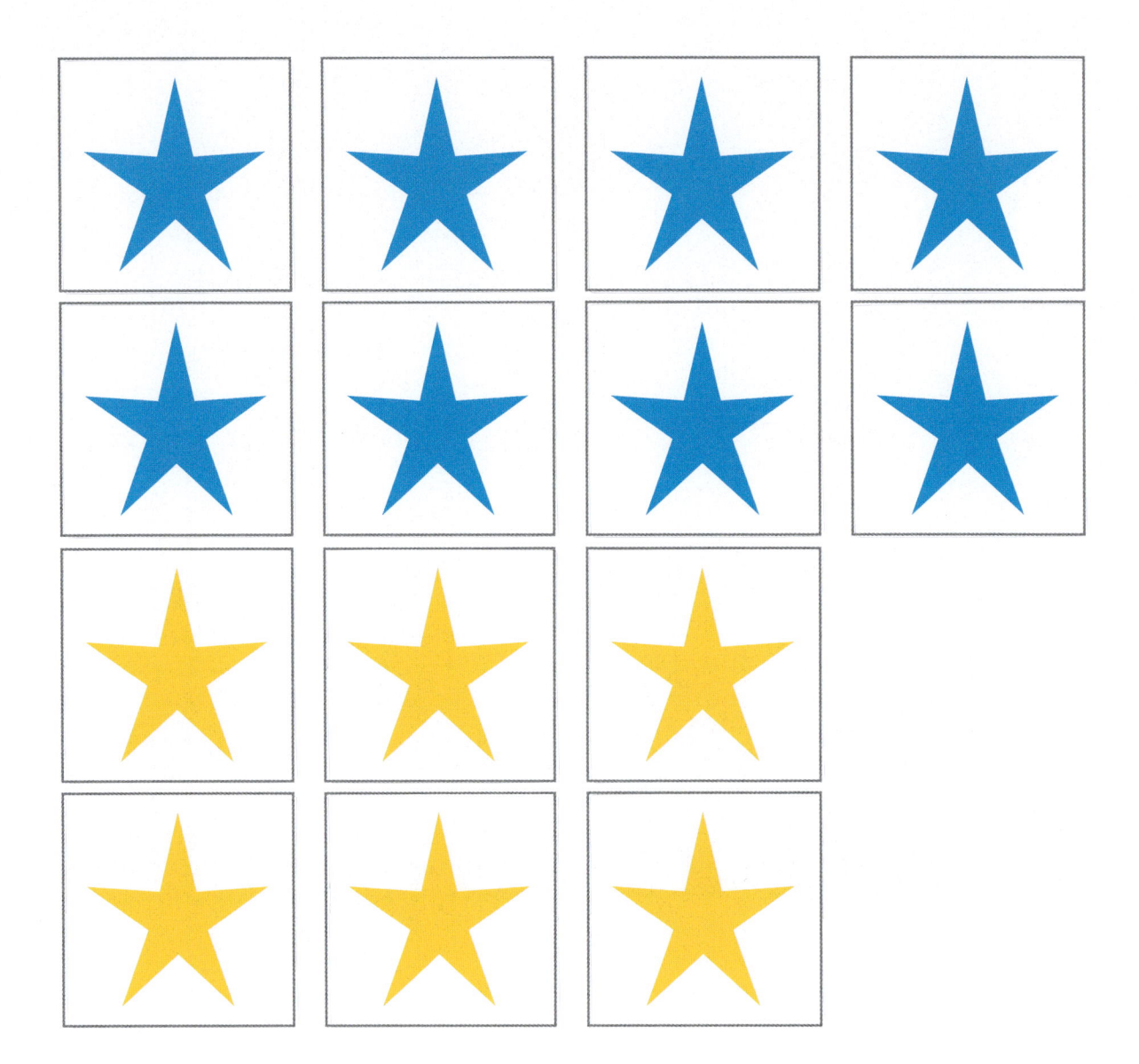

LIÇÃO 7 – PÁGINA 36

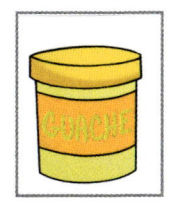

LIÇÃO 7 – PÁGINA 41

LIÇÃO 8 – PÁGINA 42

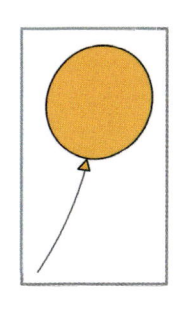

LIÇÃO 12 – PÁGINA 69

| 5 | 6 | 7 | 8 |

Parte integrante da coleção **Eu gosto m@is** – Educação Infantil – Matemática – volume 3 – IBEP.

LIÇÃO 12 – PÁGINA 70

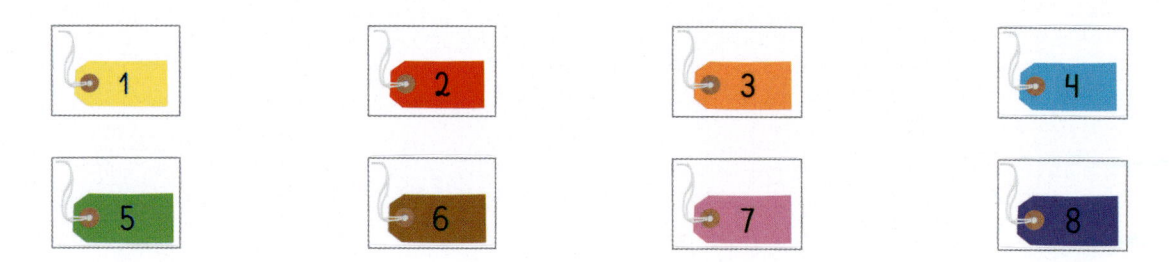

LIÇÃO 15 – PÁGINA 95

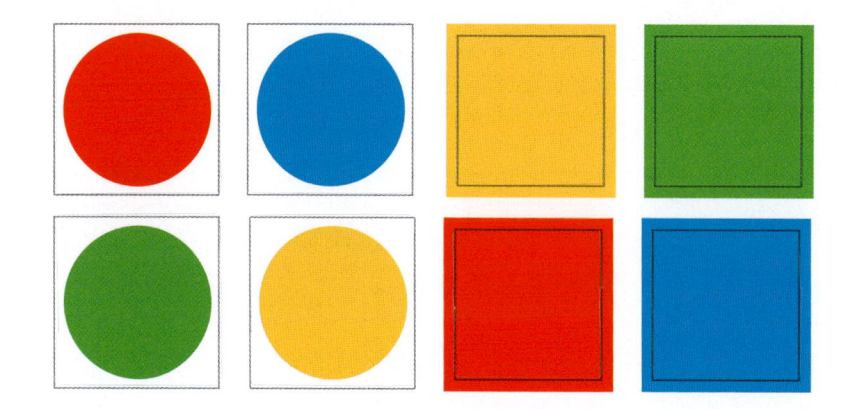

LIÇÃO 15 – PÁGINA 96

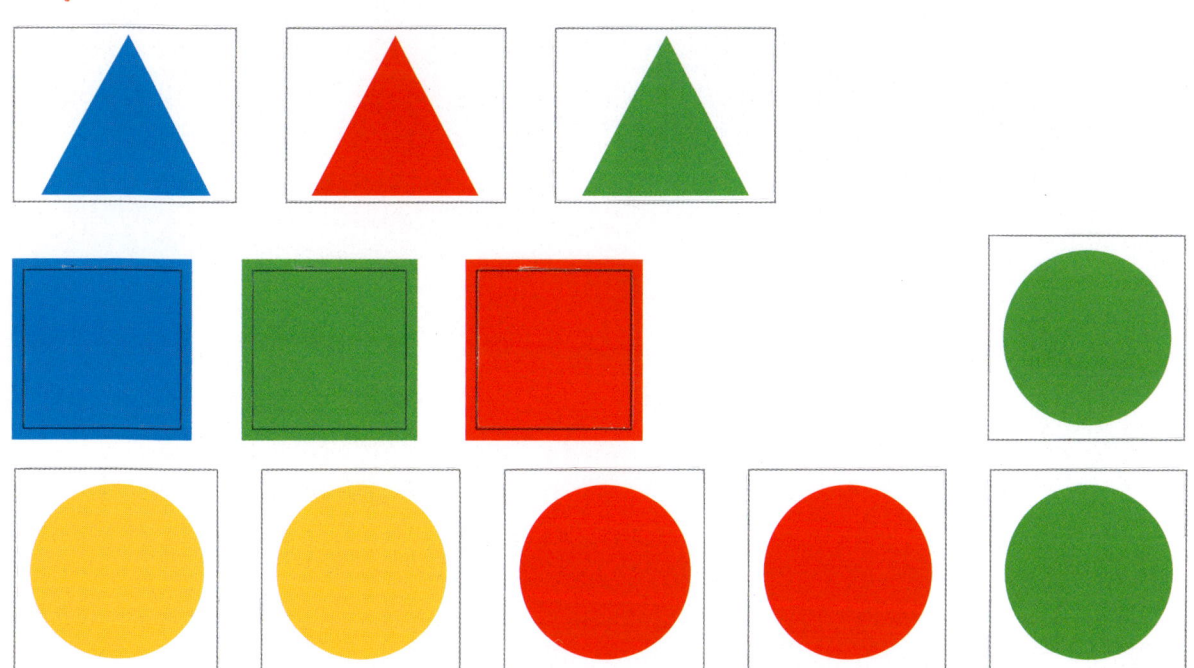

LIÇÃO 24 – PÁGINA 171

| 31 | 32 | 33 | 34 | 35 | 36 | 37 | 38 | 39 |

Parte integrante da coleção **Eu gosto m@is** – Educação Infantil – Matemática – volume 3 – IBEP.